INTUIÇÃO com AMOR

VOCÊ ENCONTRA QUANDO MENOS ESPERA

EXERCÍCIOS para Desenvolver sua INTUIÇÃO
Aprender a Aprender – Reeducando a Educação

Charges de Melado

INTUIÇÃO com AMOR

VOCÊ ENCONTRA QUANDO MENOS ESPERA

EXERCÍCIOS para Desenvolver sua INTUIÇÃO
Aprender a Aprender – Reeducando a Educação

MAURY CARDOSO FERNANDES

QUALITYMARK

Copyright© 2005 by Maury Cardoso Fernandes

Todos os direitos desta edição reservados à Qualitymark Editora Ltda.
É proibida a duplicação ou reprodução deste volume, ou parte do mesmo,
sob qualquer meio, sem autorização expressa da Editora.

Direção Editorial SAIDUL RAHMAN MAHOMED editor@qualitymark.com.br	Produção Editorial EQUIPE QUALITYMARK
Capa WILSON COTRIM	Editoração Eletrônica MS EDITORAÇÃO

CIP-Brasil. Catalogação-na-fonte
Sindicato Nacional dos Editores de Livro, RJ

F44i

    Fernandes, Maury Cardoso

        Intuição com amor : você encontra quando menos espera: exercícios para desenvolver sua intuição, aprender a aprender, reeducando a educação / Maury Cardoso Fernandes. – Rio de Janeiro : Qualitymark, 2005

        216p. :

    Inclui bibliografia

        1. Intuição (Psicologia). 2. Intuição (Psicologia) – Problemas, questões, exercícios. 3. Capacidade de aprendizagem. 4. Criatividade.
I. Título

05-1672

CDD 153.44
CDU 159.956

2005
IMPRESSO NO BRASIL

Qualitymark Editora Ltda. Rua Teixeira Júnior, 441 São Cristóvão 20921-400 – Rio de Janeiro – RJ Tel.: (0XX21) 3860-8422	Fax: (0XX21) 3860-8424 www.qualitymark.com.br E-Mail: quality@qualitymark.com.br QualityPhone: 0800-263311

Agradecimentos

Quero agradecer a minha mulher, meus filhos, genro, nora e netos que me cercaram de amor.

Tenho sido muito feliz por ter bons amigos que foram decisivos na criação deste livro.

- Alan Kardec Pinto
- Ary Xavier
- Caio Múcio Barbosa Pimenta
- Carlos Alberto dos Santos
- Edvaldo Laudares
- Frederico Porto Theodoro
- Guilherme Moutinho Ribeiro
- Joel Antunes dos Santos
- José Fantine
- Levi da Conceição Ferreira
- Manfredo Rosa
- Melado
- Roberto Uchôa Costa
- Selma Cordeiro Andrade
- Silvino Carlos de Abreu

Eles tornaram tudo melhor.

Obrigado

Prefácio

Você vai ler, a partir de agora, um livro esquisito de ler.

Esquisito? Por quê?

Porque normalmente todos os livros que lemos, todas as conversas que temos com alguém, todas as histórias que ouvimos, praticamente nos induzem a saber o que vai acontecer, isto é, qual o seu desfecho final. E percebemos isto desde o primeiro momento.

Um livro, muitas vezes, somente pelo seu título já nos leva a saber o que vai ocorrer. Isto que acontece com a maioria das pessoas é simples de explicar. É que, para o nosso entendimento, está atuando a nossa lógica, isto é, a nossa maneira lógica de pensar. A cada frase que lemos, cada assunto que vamos tratar, todos nos conduzem a alguma coisa que já entendemos e/ou que nos levará a conclusões prévias.

Por que este livro é esquisito? Ele contraria a nossa maneira lógica de pensar. E tudo aquilo que nos contraria achamos muito imprevisível. Somos resistentes às mudanças, à quebra de rotinas. Ele é diferente porque não fala na nossa lógica. Ele procura desenvolver a nossa Intuição, a nossa Criatividade. E para que isto aconteça, precisamos usar o nosso inconsciente, fonte maior da nossa inteligência, que está escondidinha sem ser incomodada.

Aí nos contraria. Fica difícil a sua aceitação.

Por que o desenvolvimento da nossa Intuição e da nossa Criatividade é importante?

Porque você passa a atuar de maneira diferente; você passa a ser mais inteligente; você passa a ter um diferencial; você começa a descobrir coisas que jamais descobriria usando somente a sua inteligência lógica.

Einstein, Thomas Edison, Mac Adam, Sócrates, Beethoven e muitas outras personalidades pensantes do mundo despontaram porque usaram o seu inconsciente.

Não tenha medo de errar, não tenha medo de acreditar que é criativo, quando um dos exercícios do livro lhe mostrar que você é criativo.

A tendência de todos nós é procurar ser igual a alguém que julgamos estar certo.

Estamos avaliando as pessoas através do que já conhecemos.

A partir do momento que *descobrimos que sermos nós* é muito melhor e *descobrirmos como sermos nós*, aí, sim, ninguém vai nos segurar.

Este livro do Maury, como tantos outros que ele escreveu, precisa ser lido e entendido, no primeiro momento, exatamente porque ele nos contraria. Contraria a nossa lógica.

Ele mexe no nosso inconsciente que está adormecido, fator maior da nossa inteligência. E por esta razão ele é, a princípio, difícil e simples. Ele está nos alertando daquilo que não conhecemos e que temos de mais precioso.

Quando começar a lê-lo não desanime. Ele estará despertando você para um mundo mais amplo, mais flexível, mais humano, facilitando sua vida em todos os seus aspectos e sentidos.

Você pensará nos projetos que precisa realizar e no que precisa FAZER. Você vai se surpreender muitas vezes.

Leia. Insista. Releia – verá sempre coisas que ainda não viu.

Procure e descobrirá o que precisa SABER o mais cedo possível.

Lute contra a sua lógica. Lógica você já desenvolveu desde o primeiro momento que entrou para a escola, quando tinha sete anos. Este livro nos mostra que as pessoas deixam de usar a sua Intuição quando começam a ser alfabetizadas.

Descubra por que 93% das pessoas acreditam que não têm o "dom" de serem intuitivas e como isto acontece.

Para os Professores, Profissionais, Empresários, Comerciantes, Estudantes e todas as pessoas de todas as classes sociais que estão, neste momento, tendo contato com este livro, observem com toda sua força o seu conteúdo; a sua maneira de colocar as coisas, mostrando que você determina o que lhe acontece.

Vocês estarão se autodesenvolvendo; desenvolvendo suas inteligências e, o mais importante, ainda estarão contribuindo com o desenvolvimento e a mudança do mundo.

Levi da Conceição Ferreira

Sumário

INTRODUÇÃO 1

CAPÍTULO 1: DESENVOLVER A SUA INTUIÇÃO 15
1.1. INOVAÇÃO, CRIATIVIDADE E INTUIÇÃO 17
1.2. EXERCÍCIO 1: DESCUBRA TRÊS OBJETIVOS
QUE QUER REALIZAR 17
    1.2.1. Crie Novos Conceitos de Negócio 22
    1.2.2. Exercício 2: Qual é? 24
    *1.2.3. Exercício 3: O que Essas Cinco Pessoas Bem-Sucedidas
Tinham em Comum?* 27
1.3. VOCÊ JÁ SABE O QUE QUER – O PODER DE TER
UMA META 30
1.4. COMO AS PESSOAS DEIXAM DE USAR A SUA INTUIÇÃO 37
1.5. VISUALIZE A SUA VIDA USANDO UM MODELO 45
1.6. DICAS PARA A SUA MENTE INCONSCIENTE CRIAR 49
1.7. A SUA INTUIÇÃO ERRA E ACERTA SEM VOCÊ PERCEBER 55

CAPÍTULO 2: DESENVOLVER AS SUAS HABILIDADES 61
2.1. EXERCÍCIO 4: UM QUESTIONÁRIO QUE PODE MELHORAR
A SUA VIDA 63
2.2. DESCUBRA QUE HABILIDADES VOCÊ PRECISA
DESENVOLVER! 68

2.3. COMO CRIAR E IMPLEMENTAR SUAS IDÉIAS 72
    2.3.1. Exercício 5: Os Índios 72
2.4. AS OITO INTELIGÊNCIAS, PROFISSÕES
    E O FAZER NECESSÁRIOS 76
2.5. HÁBITOS MENTAIS QUE PRECISAMOS DESENVOLVER
    DESDE O ENSINO FUNDAMENTAL 81
    *2.5.1. Exercício 6: Criando o seu Próprio Futuro – Redefinindo
    os Três Objetivos* 92
2.6. EXERCÍCIO 7: DESENVOLVA A SUA HABILIDADE LÓGICA 96
2.7. EXERCÍCIO 8: DESENVOLVA A SUA HABILIDADE
    EMPREENDEDORA 97
2.8. EXERCÍCIO 9: DESENVOLVA A SUA HABILIDADE
    DE INTELIGÊNCIA EMOCIONAL 98

CAPÍTULO 3: COMO SERÁ A REVOLUÇÃO DA EDUCAÇÃO 103
3.1. PRECISAMOS SER MAIS HUMANOS ANTES
    DE QUERER TER 107
    3.1.1. O Conhecimento Não Muda as Pessoas 108
    3.1.2. Aprenda a Perguntar 116
3.2. SEMPRE TEMOS QUE APRENDER PARA DESAPRENDERMOS
    NOSSOS ERROS 117
    3.2.1. É Possível Reinventar o Aluno? 119
    3.2.2. A 1ª História 122
    3.2.3. As 2ª e 3ª Histórias 123
3.3. O SILÊNCIO COMUNICA 125
3.4. IDÉIAS PARA VOCÊ PENSAR 127
    3.4.1. Exercício 10: Quatro Animais 127
    3.4.2. Entrevista com Três Professores da Área Humana 132
    3.4.3. Exercício 11: EPZT/UNDT/APCTO 141
    *3.4.4. Exercício 12: Descobrir o que Quer Fazer Usando
    a Sua Intuição* 142

3.5. A Nova Educação Deverá Ajudá-lo em Cada Etapa de Sua Vida 143

Capítulo 4: Desenvolver Sua Inteligência Interpessoal e Sua Percepção 161

4.1. Idéias-Mãe 163

    4.1.1. Uma Idéia-Mãe para Desenvolver Sua Inteligência Interpessoal 165

    4.1.2. Afaste-se do Foco de Tensão 170

    4.1.3. A Galinha do Coronel 171

4.2. É Possível Ensinar o Que Ainda Não Sabemos Que Sabemos 173

    4.2.1. Idéia-Mãe – Aprender a Aprender 175

    4.2.2. Toda Comunicação é Metafórica 178

4.3. Usar Metáforas 184

Referências Bibliográficas 189

Índice Remissivo 195

INTRODUÇÃO

O objetivo deste livro é ajudar o leitor a ser mais Intuitivo, Desenvolver suas HABILIDADES, a Aprender a Aprender e se conhecer um pouco mais para começar a criar o seu futuro.

Este livro é, ao mesmo tempo, uma modesta contribuição ao esforço que julgo necessário empreender para se criar uma Nova Educação.

Aqui, a expressão "nova educação" se refere a uma nova caminhada das ciências tecnológicas junto com as Áreas Humanas, que recebe uma grande contribuição destas últimas áreas..

> Denominamos de "HABILIDADES" as Inteligências, a Intuição, a Maneira de agir, as Crenças e os Valores. É a formação humana das pessoas.

Muitos cientistas, artistas, Ph.Ds., pessoas intuitivas, acreditam que a Intuição é um "dom" de poucas pessoas. Eles dizem que não é possível ensinar intuição às pessoas.

Felizmente, dezenas de outros cientistas, como Einstein, dedicaram muitos momentos ensinando Intuição a seus alunos.

Será que Einstein ficou revoltado com o ensino porque o seu professor de Física na universidade o aconselhou a desistir de cursar a cadeira Física dizendo-lhe: "você nunca será um bom físico"?

Nos meus livros, mostro muitas pérolas de ensinamentos deixados por Einstein, ensinando criatividade.

Este livro foi escrito para todas as pessoas que já sabem que precisam aprender durante toda a vida. Muitas dessas pessoas poderão viver mais de 80 anos, terão mais de seis profissões diferentes e possivelmente trabalharão em dezenas de empresas.

O conhecimento tecnológico aprendido no sistema atual de educação não prepara as pessoas para a maioria das profissões.

As universidades acreditam que ensinam o novo conhecimento, mas ignoram que:

O desenvolvimento das "Habilidades" deve preparar as pessoas para aplicar o conhecimento universitário que aprendeu e transformá-lo em um novo saber de maneira que:

Conhecimentos + Habilidades = SER mais humano.

As habilidades às quais me refiro compreendem:

- *Ser Intuitivo.*

Todas as pessoas precisam realizar seu desejos e projetos, usando sua intuição. Serem capazes de criar parte do conhecimento de que precisam.

Você lerá este livro tentando realizar dois ou três projetos para a sua vida. Depois veremos melhor isso.

- *Saber trabalhar em Equipe.*

- *Conseguir inovar sendo mais humano.*

Os participantes de sua equipe saberão que nenhuma das pessoas conseguiria realizar sozinha o trabalho que planejaram, mas cada um saberá que o trabalho só foi realizado porque ele conseguiu contribuir.

- *Ter iniciativa e ser persistente.*

- *Ter Liderança.*

- *Aprender a Aprender para Aprender permanentemente.*

A maioria das pessoas não sabe como Aprender a Aprender.

É quase impossível criar o conhecimento utilizando apenas a Mente Lógica.

- *Saber administrar suas emoções negativas, para sua Intuição não errar.*

As pessoas, de maneira geral, só agem dirigidas pelas suas emoções. Se você estiver dominado por emoções negativas (por exemplo raiva, medo...) tende a errar mais, e o conhecimento tecnológico não o ajuda muito a acertar.

- *Aprender a gostar das pessoas.*

O mercado é um conjunto de pessoas com necessidades.

- *Ser feliz.*

> Nas universidades de hoje, os professores ainda ensinam os novos conhecimentos tecnológicos do mesmo jeito que aprenderam. As verdades são apresentadas já prontas e 50 alunos ouvem passivamente, sem falar.

Saber trabalhar em grupos multifuncionais para criar e implementar as novas idéias é mais complexo do que entender o conhecimento tecnológico explicado pelo professor.

Até alguns anos atrás, ter um diploma era algo notável e raramente o recém-formado era mandado embora da empresa.

Os profissionais conseguiam desenvolver suas Habilidades no trabalho, participando de centenas de reuniões.

Você verá neste livro que o jeito como você se relaciona com as pessoas determina:

- como você é tratado;
- o que conseguirá realizar na sua vida.

> No mundo em que vivemos hoje, 90% dos cientistas que já existiram estão vivos inventando muitas mudanças e não sabemos como nos prepararmos para o inesperado.

Além disso, hoje o empresário sabe que existem dois tipos de empresa:

As que mudam e as que desaparecem.

Os empresários selecionam seus profissionais escolhendo duas pessoas em mais de 1.000 candidatos.

As empresas querem pessoas com conhecimento, mas, ao entrevistá-las, só admitem as pessoas intuitivas e as que têm as habilidades de que a organização precisa.

Se você aprender do jeito que seu professor aprendeu, como é que você desenvolverá suas habilidades? Como você vai se preparar para o inesperado?

Nós demonstraremos que o conhecimento é importante, *mas não basta termos conhecimentos*.

Em todos os capítulos você descobrirá que:

- suas HABILIDADES representam 2/3 do seu desempenho;
- suas Habilidades determinam o que você VÊ, PENSA, SENTE e consegue FAZER.

Todos os problemas complicados se tornam fáceis depois de resolvidos.

Eu amo o desconhecido.

No *Capítulo 1 – Desenvolver a sua Intuição*, você reaprenderá a criar, começando a criar a vida que deseja.

Definirá três objetivos que quer realizar nos próximos anos e planejará algumas ações para começar a realizá-las.

Ao fazer os exercícios deste livro, você verá que é possível todas as pessoas voltarem a ser Intuitivas.

Nós realizamos cursos de três meses – 24 horas, uma aula de duas horas por semana ajudando as pessoas a desenvolverem a sua Intuição.

No *Capítulo 2 – Desenvolver as suas Habilidade*s, você se conhecerá mais. Descobrirá e desenvolverá suas habilidades para trabalhar melhor em equipe. **Não basta ter conhecimentos**.

As pessoas deixam de "ser chatas" e se tornam "persistentes". Correm atrás dos resultados como se fossem donas da Empresa. Você conseguirá liderar com o Chefe sem ser chamado de puxa-saco.

- Um dia conseguirá FAZER mais o que gosta.
- Lerá este livro tentando descobrir ações para seus três objetivos e reinventará a sua vida.

No *Capítulo 3 – Como será a Revolução da Educação*, você tomará conhecimento da colaboração de alguns profissionais da área humana, respondendo a duas perguntas:

1. O que os profissionais da área tecnológica precisam aprender?
2. Como ajudá-los a serem mais humanos?

Os alunos e professores de tecnologia não recebem ajuda das Áreas Humanas: Psicologia, Educação, Sociologia, Filosofia, Psiquiatria, Marketing, Pedagogia, Administração, Arte Educação, História, Ciência Política etc.

Todas as pessoas têm o "Dom da Intuição", mas 93% delas não sabem utilizá-lo.

As poucas pessoas que são criativas não sabem ensinar as outras pessoas a serem criativas.

- 93% das pessoas erram quando tentam ser Intuitivas.

Os alunos se sentem inseguros porque sabem que muitas vezes deverão enfrentar o inesperado e o conhecimento aprendido não será suficiente. Assim, a educação tem que mudar.

No *Capítulo 4 – Desenvolver sua Inteligência Interpessoal e sua Percepção* – você aprende a se relacionar melhor porque aprende a conhecer as pessoas.

Ao fazer os exercícios do livro, você se conhecerá um pouco mais e gostará de saber como você é. Não precisa se preocupar com o que você não gosta, porque, ao trabalhar em equipe, fazendo nossos exercícios, conseguirá desenvolver as habilidades de que tem carência, aprendendo com as outras pessoas.

Você gostará de perceber que é muito bom as pessoas serem diferentes, e conseguirá amar mais o próximo como a você mesmo.

Para **Aprender a Desaprender**, você terá que viver novas experiências, fazendo todos os exercícios. Não basta ler o livro.

O que cada um VÊ, PENSA e SENTE depende de sua experiência, de suas crenças e do quanto se aproxima de sua mente inconsciente, por exemplo ao fazer os exercícios.

Duas Recomendações Prévias Finais

Você deverá ler este livro fazendo os 14 exercícios que preparamos. Se pulá-los, o seu aproveitamento será baixo. Você perderá o seu tempo e deverá procurar ajuda em uma das Áreas Humanas.

Solicito, aqui, um voto de confiança. Os exercícios propostos neste livro são resultado de um longo período de amadurecimento, vivendo centenas de experiências diferentes e gerenciando pessoas com as mais diversificadas formações e habilidades. Esses exercícios, a rigor, estavam no "forno" há cerca de 30 anos. Esse é o meu quarto livro. Esses exercícios, efetivamente, ajudam você.

Em poucos dias você já começará a perceber que estará utilizando mais a sua intuição e a desenvolver dezenas de habilidades.

Não leia este livro saltando os exercícios. Faça-os, releia os *cartoons* anotando os recados da sua mente Inconsciente.

Repito: não há outra maneira de aprender a não ser FAZENDO.

Sempre que ler as idéias apresentadas em negrito, antes e depois de cada *cartoon*, você estará usando a sua Intuição.

Verá coisas que só você percebe, porque elas estão relacionadas a sua vida.

Os cartoons *funcionam como metáforas. Permitem que você entre em contato com sua Intuição.*

Nas próximas folhas, apresentaremos dez *cartoons*. Tente descobrir respostas para a seguinte pergunta:

Como posso melhorar meu relacionamento?

Use dez a 20 segundos em cada *cartoon*.

Faça um relaxamento.

E anote as idéias e os pensamentos que lhe ocorrerem.

A maioria das pessoas cria o conhecimento utilizando apenas sua Mente Lógica.

O Aprender é um sofrimento.

O que as pessoas precisam aprender o mais cedo possível.

A nova educação será levada a todas as pessoas.

Para iniciar um bom relacionamento

**descubra uma Qualidade da outra pessoa,
e sorria sem esperar a outra pessoa sorrir.**

Quando se expressar claramente,

as suas palavras serão lembradas.

"**Você aceitaria uma sugestão?**"

**Uma sugestão depois de um elogio
é mais forte do que uma ordem.**

Critique

só depois que fizer um elogio "verdadeiro".

Evite rotular.

QUE TAL SE A GENTE DESSE UMA ORGANIZADA NESTA MESA?

Evite dizer: Você é desorganizado.

Para compreender as pessoas você tem que saber que

QUERO LEVAR VOCÊ AO AMOR!

QUERO SER LEVADA A ROMA!

as palavras têm significados diferentes para elas.

Negociar é melhor do que ameaçar.

Descubra novos pontos de vista.

Para influenciar as outras pessoas,

descubra as necessidades delas.

Nós só **desaprendemos** quando experimentamos algo muito melhor do que **sabíamos**. Quando isso acontece, somos capazes de rir das "bobagens" que fazíamos.

> Precisamos **Aprender e Desaprender** toda a vida para realizarmos nossos sonhos e termos mais momentos felizes.

Para **Aprender e Desaprender**, você terá que viver novas experiências. Por exemplo, fazer todos os nossos exercícios. Não basta ler o livro.

O que cada um VÊ, PENSA e SENTE depende de sua experiência, suas crenças e do quanto se aproxima de sua mente Inconsciente ao fazer os exercícios.

> Se você leu os *cartoons* depois de um relaxamento e gastou dez a 20 segundos em cada um deles, recebeu algumas idéias que *ajudarão a melhorar seu relacionamento*.

Mas os primeiros sinais que você recebe da sua Mente Inconsciente algumas vezes são confusos.

Quando as pessoas "Criativas" apresentam um projeto muito criativo, elas já sabem que *as primeiras idéias* que escreveram sobre o projeto são completamente diferentes das idéias finais que surgiram muito tempo depois. Mas sabem também que foram essas *primeiras idéias* que permitiram que se chegasse às idéias finais.

O cientista Einstein aprendeu a decifrar os sinais de sua Intuição. Ele tinha certeza de que sua Intuição respondia às suas perguntas.

Sempre que estava numa reunião ou analisando outro assunto, e de repente se ouvia cantando a letra de uma canção, ele parava o que estava fazendo e tentava descobrir o que a letra da canção tinha a ver com o seu projeto revolucionário.

Muitas vezes os primeiros sinais são palavras transmitindo um significado aparentemente oposto ao que está sendo pensado. E só descobrimos os sinais lógicos bem mais adiante se acreditarmos que somos Intuitivos.

Resumindo:

Você é responsável pela sua vida.

---

*Num mundo infinito de escolhas
"Você será o que você pensa."*

Jesus Cristo

Em todos os capítulos – Você desenvolverá as suas HABILIDADES.

No Capítulo 4 – Você perceberá que:

O professor Intuitivo ensinará como Aprender a Aprender.

No Sumário deste livro os itens foram postos numa seqüência lógica no intuito de atingir os leitores que sempre aprendem usando mais a Mente Lógica.

No final do livro, apresentamos um Índice para facilitar a releitura, sempre que o leitor quizer fazê-la. Ao consultar o Índice, será mais fácil perceber o que ainda não foi lido, bem como lembrar daquilo que já foi esquecido.

Pedimos desculpas pelas nossas afirmações e nossas verdades. Não conseguimos escrever este livro na forma que gostaríamos: mais perguntas do que respostas.

Capítulo 1:
DESENVOLVER A SUA INTUIÇÃO

1.1. INOVAÇÃO, CRIATIVIDADE E INTUIÇÃO

1.2. EXERCÍCIO 1: DESCUBRA TRÊS OBJETIVOS QUE QUER REALIZAR
    1.2.1. CRIE NOVOS CONCEITOS DE NEGÓCIO
    1.2.2. EXERCÍCIO 2: QUAL É?
    1.2.3. EXERCÍCIO 3: O QUE ESSAS CINCO PESSOAS BEM-SUCEDIDAS TINHAM EM COMUM?

1.3. VOCÊ JÁ SABE O QUE QUER – O PODER DE TER UMA META

1.4. COMO AS PESSOAS DEIXAM DE USAR A SUA INTUIÇÃO

1.5. VISUALIZE A SUA VIDA USANDO UM MODELO

1.6. DICAS PARA A SUA MENTE INCONSCIENTE CRIAR

1.7. A SUA INTUIÇÃO ERRA E ACERTA SEM VOCÊ PERCEBER

1.1. Inovação, Criatividade e Intuição

Inovação, Criatividade e Intuição produzem idéias originais, usando a nossa Mente Inconsciente, definida no item 1.4.

Eu acredito que ocorre o seguinte:

- **Inovação**:
  Quando algo é criado para desenvolver ou melhorar um sistema. A inovação inclui não somente objetos, mas também estratégias, métodos, idéias e maneiras de fazer as coisas.

- **Criatividade**:
  Quando as idéias criadas surgem de um estado de consciência menos profundo do que na intuição. Todas as pessoas podem realizar trabalhos criativos, gerando novas idéias em qualquer área.

- **Intuição**:
  Quando aprendemos a nos aproximar mais profundamente do inconsciente. A intuição é definida como: *"o saber, porém sem saber como se sabe"*. Para algumas pessoas a Intuição é uma conseqüência da presença de Deus na sua vida. Todos nós sentimos no corpo quando uma idéia é boa. É como ouvir uma voz interior. **A intuição é o seu EU interior, sua energia.**

1.2. Exercício 1: Descubra Três Objetivos que Quer Realizar

Para ajudá-lo a descobrir os objetivos, observe a figura a seguir e responda às seis perguntas propostas. Procure ser sucinto nas suas respostas.

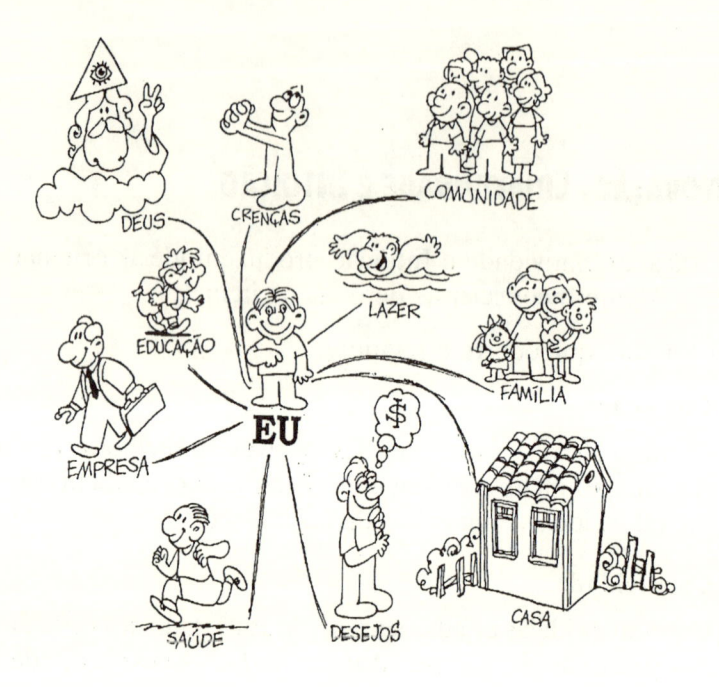

1. Do que você necessita?
2. O que você quer?
3. Qual é o seu maior talento?
4. O que precisa para ser mais feliz?
5. Que habilidades precisa desenvolver?
6. O que está faltando na sua vida?

Com estas respostas você está preparado para definir seus desejos ou objetivos.

> Desenvolva sua Intuição, definindo três objetivos que quer realizar.

Possivelmente, através de dois desses objetivos descritos você realizará coisas que ainda não tem, mas que existem.

Em relação ao 3º objetivo, você deverá tentar realizar algo que ainda não existe.

Quando você escolher realizar algo que ninguém ainda conseguiu, não desista, mesmo que alguém lhe diga que o seu projeto é impossível porque ele não existe.

Lembre-se de que milhares de coisas impossíveis que não existiam foram criadas nos últimos anos.

Para realizar cada objetivo, **você primeiro visualiza o que quer e o vê já realizado**, depois a sua intuição descobre o que precisa ser feito.

O seu projeto só será impossível se você pensar primeiro nas ações que precisa fazer para chegar ao que quer.

Se você acreditar que não é criativo, levará algum tempo para desenvolver a sua Mente Inconsciente e para perceber os sinais da sua intuição.

Escreva três objetivos e coloque cada um deles dentro de uma pasta tipo L.

Estas pastas são feitas com duas folhas de plástico, no tamanho de 35 × 22,5cm, coladas em dois lados em forma de L e abertas nos outros dois lados. Elas são ótimas para criar. Você pode ver o conteúdo das folhas que guardar nelas.

Leia este livro pensando nas ações para realizar seus desejos que denominamos de objetivos. Quando concluir a leitura você continuará a realizá-los.

O nosso inconsciente dá a mesma importância a todos os seus desejos: desde tomar um bom café, até o que fazer para realizar um desejo importante.

A sua Intuição só começa a ajudá-lo quando você escreve ou fala o que quer realizar. Você tem que pensar intensamente no que quer. Agora que você escreveu o que quer, o inconsciente lhe ajudará onde você estiver. Até nos momentos em que estiver dormindo, você descobrirá idéias para realizar seus desejos.

> Você perceberá coisas relacionadas com o que quer fazer sempre que ler um jornal, uma revista, um livro; assistir a um filme, ou quando conversar com as pessoas.

Você desenvolve sua Intuição praticando. Não basta ler sobre Intuição.

> *"Aquele que conhece os outros é inteligente, aquele que conhece a si mesmo é iluminado."*
>
> **Lao Tsé** (Séc. VI)

Para ajudá-lo a realizar seus três objetivos, segue uma entrevista de uma empresária bem-sucedida contando a sua vida:

> *"Quando eu tinha 23 anos, estudava Administração de Empresas à noite na universidade e durante o dia trabalhava numa papelaria-livraria. O meu objetivo era continuar fazendo o que gosto e, dentro de cinco anos, ganhar cinco vezes mais do que ganhava na papelaria.*
>
> *Eu ajudava o dono da papelaria a fazer os pedidos de compra, descobria os melhores fornecedores, pedindo indicações a eles e observava os concorrentes. Telefonava para os fornecedores, fazia os pedidos e colocava no computador os estoques diários.*
>
> *Abria e fechava a loja. Conhecia os clientes pelo nome, e as pessoas diziam que eu era amável. Gostava de brincar com os clientes, dizendo-lhes que, se não recebessem um sorriso, não precisavam pagar. Tinha prazer em descobrir as necessidades dos clientes e os atendia da melhor maneira possível.*
>
> *Gostava do que fazia. Eu pensava: 'Um dia terei o meu negócio'. O dono já falava em comprar uma segunda loja e brincava que a primeira loja já era pequena para mim.*
>
> *Eu lia uns dois livros por mês e estudava à noite."*

A empresária que relembrou a sua vida, disse que criou os seguintes *Conceitos* e *Idéias* para realizar seus objetivos:

Conceitos	Idéias
• O meu emprego é provisório mas pode ser utilizado para desenvolver minhas Habilidades e minha Inteligência Interpessoal.	• Aprenderei a gostar de gente observando as pessoas que se relacionam bem.
	• Atenderei os clientes com um sorriso, chamando-os pelo nome.
• Preciso conquistar a confiança dos clientes, dos colegas de trabalho e do dono da Papelaria-Livraria.	• Praticarei os conhecimentos aprendidos na universidade e aprenderei a me motivar com o que a realidade me oferece.

Quando você passa a gostar de gente, descobre que **muitos empregos são indicações de pessoas que conhecemos pouco**. As pessoas amigas não conseguem ajudar porque freqüentam os mesmos lugares e conhecem as mesmas pessoas que você.

O grande consultor de Criatividade, Edward de Bono, escritor de 62 livros, define que:

> **Conceitos** são métodos ou *maneiras gerais* de fazer o que quer realizar.

Gerar idéias para os conceitos é a maneira de "chegar lá".

É importante você descobrir **um leque de conceitos** para ajudá-lo a realizar seus três objetivos.

> Para ficar mais claro, sobre a importância de criarmos **novos conceitos para nossos objetivos**, analisaremos *por que* e *como* as empresas *criam novos conceitos de negócio*, Inovando permanentemente.

Quando o Conceito do Negócio Navio era transportar as pessoas, os empresários criaram um novo **Conceito**, utilizando o navio para ser um hotel.

**Você deverá aprender a criar
novos conceitos de negócio.**

Se você vendia pipoca e, de repente, fez a pipoca ser um isolante, você criou um novo conceito de negócio.

1.2.1. Crie Novos Conceitos de Negócio

Você pode criar idéias de novos conceitos de negócio para *vendê-las às empresas*.

Criar um novo conceito de negócio é reinventar o seu negócio. É mais do que criar um novo produto, ou melhorar um produto.

Se o seu negócio é ser corretor de seguro de veículo, você cria um novo conceito de negócio quando oferece aos seus clientes o seguro da companhia seguradora *que apresentar o melhor preço*, em vez de trabalhar apenas com uma seguradora.

> Você pode e deve criar um Novo Conceito para seus objetivos e seus negócios.
>
> Se um conceito estiver errado, nenhuma idéia irá corrigi-lo. É preciso criar bons conceitos porque eles ajudam a criar novas idéias, com mais facilidade.

Você pode pensar em um conceito e ainda não ter uma idéia para colocá-lo em ação. Você pode usar as idéias para criar novos conceitos e também redefinir seus objetivos.

Os empresários e os profissionais têm que reinventar a sua empresa quase que permanentemente. Deverão *criar os novos conceitos de negócio* que são mais do que novas tecnologias.

Os professores deverão perguntar sem saber as respostas.

**É menos arriscado criar o futuro
do que não criá-lo.**

Use a força que está dentro de você.

"É pela lógica que provamos. É pela intuição que descobrimos."
Henry Poincaré

Para ajudar as pessoas a SEREM mais Intuitivas, persistentes, e TER dezenas de habilidades, não basta lhes dizer COMO FAZER. Nós precisamos viver muitas experiências até aprendermos COMO conseguimos SER mais... *Levamos 30 anos, vivendo dezenas de experiências diferentes até criarmos estes exercícios simples, propostos neste livro.*

Esses exercícios permitem que você aprenda em um tempo bem curto de dias e horas. Você pode aprender a SER mais Intuitivo e TER dezenas de habilidades.

As pessoas serão capazes de se desenvolver ao praticar determinados hábitos mentais.

Eu não tenho medo de errar.

EU SEI PERGUNTAR.

**Os adultos só perguntam quando
já sabem a resposta.**

Você aprende FAZENDO. Você só descobre o objetivo de alguns exercícios depois de fazê-los.

Em nossas palestras e cursos realizamos o Exercício 2, que apresentaremos a seguir.

1.2.2. Exercício 2: Qual é?

Você deverá fazer este exercício reservando 20 minutos para ficar sozinho sem ser interrompido. **Coloque uma música relaxante em baixa intensidade**.

Gaste cinco minutos para fechar os olhos e relaxar. Tente perceber sua respiração.

Depois do relaxamento, use uma **caneta criativa** para responder as 22 perguntas relacionadas nas próximas páginas.

Uma caneta criativa é aquela que *não falha e desliza pelo papel*. Você não tem que prestar atenção se escreveu e assim pode ficar mais perto de sua intuição para receber idéias. Use uma caneta semelhante à caneta Futura.

Se você escreve com a mão direita, responda as 22 perguntas escrevendo com a mão esquerda. Se escreve com a esquerda, responda escrevendo com a mão direita.

> **Escreva com a mão não dominante, e terá muitas surpresas agradáveis com sua Intuição.**

Gaste o tempo que for preciso. Se escrever duas respostas para uma pergunta, não as apague.

Quando terminar a tarefa, leia o significado do exercício no final deste Capítulo 1.

Qual é ...

1. O dia mais belo?
2. A coisa mais fácil de acontecer?
3. O maior obstáculo?
4. O maior erro?
5. A mais bela distração?
6. A pior derrota?
7. Os melhores professores?
8. A primeira necessidade?
9. A coisa que nos faz mais feliz?
10. O maior dos mistérios?
11. O pior defeito?
12. A pessoa mais perigosa?
13. O pior sentimento?
14. O presente mais belo?

15. O mais imprescindível?
16. O caminho mais rápido?
17. A sensação mais agradável?
18. A melhor defesa?
19. O melhor remédio?
20. A força mais poderosa do mundo?
21. As pessoas mais necessárias?
22. A coisa mais bela de todas?

Se você leu o significado deste Exercício 2 no final do capítulo, percebeu que somos orientados por dezenas de CRENÇAS invisíveis. Elas são as verdades que aprendemos e estão arquivadas na nossa Mente Inconsciente.

Você Vê o que Crê ou Crê no que Vê?

Nos meus cursos e palestras, mostro algumas bolinhas brancas de pingue-pongue e deixo a platéia manuseá-las, brincar com elas.

Sem ninguém saber, uma das bolinhas parece mesmo uma bolinha de pingue-pongue, pois é branca e do mesmo tamanho, *mas, na verdade, é uma bola de metal que pesa quase 1/2kg.*

Eu escolho algumas pessoas para jogar as bolinhas, na maioria das vezes uma com mais de 40 anos é que recebe a bolinha de metal.

Ela fica surpresa. E mais surpresa ainda quando eu jogo uma outra bolinha branca, agora, sim, de pingue-pongue, em direção a sua cabeça. A sua reação é quase de se deitar no chão para não ser atingida pela bolinha. Ela murmura: esse cara é louco!

A platéia não entende por que aquela pessoa ficou com tanto medo. Para elas, todas as bolinhas brancas daquele tamanho são bolas de pingue-pongue.

Depois de alguns minutos, eu faço as duas perguntas que fiz a vocês: **Você Vê o que Crê ou Crê no que Vê?**

> Neste momento, conversamos sobre como as nossas Crenças determinam o que você VÊ, PENSA e SENTE.

Uma criança geralmente **Crê no que Vê** porque quase sempre está vendo algo que nunca viu. O que o adulto VÊ, na maioria das vezes, é algo que um dia ele viu e considerou importante.

Ao surgir novamente, ele **Vê o que Crê**, mesmo que a sua mente consciente não se lembre de que está diante de algo já conhecido.

É dessa maneira que adquirimos uma Crença ou um preconceito invisível.

Quem acredita que as pessoas são desonestas, no seu emprego, vai sugerir revistar os funcionários na saída do trabalho.

Vocês fizeram o Exercício 2 de Madre Teresa de Calcutá para criarem algo que ela não conseguiu.

Ao criarem, vocês descobrem que também são criativos e aprendem uma nova Crença – Eu sou criativo!

> Você não aprende Intuição, Habilidades e Inteligências lendo sobre o que precisa FAZER.
>
> Você deverá FAZER todos os exercícios para aprender descobrindo. Você Aprende a Aprender.

1.2.3. Exercício 3: O que Essas Cinco Pessoas Bem-Sucedidas Tinham em Comum?

- A Princesa Diana
- Picasso
- Ayrton Senna
- Madre Teresa
- Bill Gates

A resposta que mais escuto é: *"Essas pessoas foram bem-sucedidas, em diferentes áreas, usando, cada uma, um talento especial e diferente".*

> A maioria das pessoas não percebe que as cinco pessoas eram intuitivas.

Observamos que:

Essas pessoas descobriram dentro delas o que queriam fazer e aonde queriam chegar.

Elas faziam o que gostavam.

Essas pessoas desenvolveram seus talentos, *e eram muito intuitivas*. Depois de uma determinada fase de sua vida, **cada uma delas aprendia mais descobrindo e sem a ajuda do professor.**

> Imagine que você é o pai ou a mãe dessas cinco pessoas quando elas eram crianças. Elas têm seis anos e dependem de você! Como você as educaria?

Ninguém lhe dirá que seus filhos são muito intuitivos e cada um descobrirá seu talento especial em áreas diferentes.

Cada um de seus filhos poderá ser criativamente talentoso em mais de uma área. Se souber desenvolvê-los, eles terão mais talento do que as outras crianças. Eles poderão ser talentosos, mas não tente tornar Madre

Teresa uma pessoa notável em negócios, só porque você é bom em negócios.

Para que a sua mente lógica não tente se apoiar no ensino atual, ouvindo o que ela já sabe, use a sua imaginação para descobrir como educá-las.

Ayrton Senna não pára dentro da sala. Ele parece um retardado.

Como você descobrirá que ele tem as Inteligências Corporal e Espacial? (ver Capítulo 2)

O que você fará para desenvolver essas inteligências?

Ele poderia ter sido um famoso médico cirurgião ou um grande mestre de cozinha ou ... **conseguir "ser campeão de Fórmula-1".**

Alguém perguntou a Senna o que ele pensava quando passava outro carro a 300km/hora, numa curva. Ele respondeu: **"Eu sinto que não posso ter pressa".**

Picasso não conseguiu aprender a somar e subtrair até os onze anos de idade. Picasso seria reprovado em Matemática.

O que você faria para descobrir o seu talento artístico?

O que você fará quando descobrir que ele tem uma Inteligência artística e espacial bem desenvolvida? Você desenvolveria essas inteligências ou lhe daria aula de reforço em Matemática?

Picasso considerava que seu trabalho era um divertimento.

Diana tinha uma Inteligência Interpessoal mais desenvolvida. Hoje, esta inteligência é mais conhecida como inteligência emocional. Ela surpreendeu a realeza britânica ao conquistar o amor de todos os povos do mundo. **Ela sabia chegar às pessoas.**

Bill Gates tem uma Inteligência Lógica mais desenvolvida. Possivelmente tem uma inteligência espacial bem desenvolvida.

Você permitiria que ele interrompesse seus estudos em Harvard? Ele interrompeu os estudos e construiu um império de 100 bilhões de dólares, tornando-se o homem mais rico do mundo.

Sua empresa é famosa pela descontração no trabalho. A ordem é ter paixão pelo que faz. Bill seleciona pessoalmente as pessoas mais criativas.

Madre Teresa desenvolveu a sua Inteligência Interpessoal ao maior estágio de desenvolvimento espiritual. Amava o próximo do jeito que amava Deus.

Ela descobriu que o ser humano precisa de amor e que tudo que damos aos outros estamos dando a nós mesmos.

As cinco pessoas analisadas eram intuitivas e tinham prazer com o trabalho.

Cada uma dessas cinco pessoas precisou aprender do seu jeito e não do jeito que o professor ensina na educação tradicional.

Quando você imaginou o futuro das cinco crianças, deve ter viajado ao futuro, imaginando também o que FAZER para descobrir seus talentos, e **como** desenvolvê-los.

O que precisará FAZER para que você e seus filhos usem a intuição durante toda a vida?

No Capítulo 2, você aprenderá a desenvolver suas inteligências e habilidades.

Um dos nossos objetivos neste livro é ajudá-lo a descobrir O QUE QUER FAZER e COMO FAZER.

1.3. Você Já Sabe o que Quer – O Poder de Ter Uma Meta

Hoje, não basta ter conhecimento tecnológico. Para realizar um trabalho, *você precisa ser amável, ter conhecimentos e estar preparado para o inesperado*. Você precisa ter as *Habilidades* que apresentaremos nos Capítulos 2 e 4.

Não basta ter conhecimentos.

**Você precisa desenvolver suas habilidades.
Elas determinam o que você Vê e o que consegue FAZER.**

Para fazer o que gosta, você precisará descobrir e desenvolver, permanentemente, as suas habilidades, os seus talentos e adquirir novos conhecimentos. Dois terços do desempenho de Ayrton Senna vinham de suas inteligências corporal, espacial e intuitiva e a essas inteligências ele combinou 1/3 de conhecimentos sobre automóveis.

Quando digo que o desempenho da pessoa depende 1/3 do conhecimento, não estou dizendo que o conhecimento é menos importante. Estou dizendo que as habilidades representam 2/3 do desempenho.

Escolhi o Ayrton Senna para "provar", intuitivamente, que esses números estão certos. O Senna não era engenheiro, mas sentia o carro no corpo. Ele era capaz de dizer ao engenheiro projetista o que o carro deveria ter.

Com o avançar da idade, Senna não teria condições físicas de dirigir carros. Mas ele poderia usar suas habilidades e inteligências e ser, por exemplo, um bom médico cirurgião, usando os novos ROBÔS. Para isso teria que aprender os conhecimentos de medicina e cirurgia que representam 1/3 das necessidades para o sucesso. Os outros 2/3 seriam as habilidades que ele já tinha e as usava para pilotar carros.

Um terço de conhecimentos é importante e deverá ser aprendido durante toda a vida, em qualquer profissão. Uma grande quantidade de pequenos negócios falha devido a falta de conhecimento.

Diariamente, centenas de produtos são substituídos por uma nova tecnologia.

> Através da análise que fizemos das habilidades de Ayrton Senna sendo um cirurgião de robôs, usando suas inteligências espacial e corporal, as pessoas percebem que podem se preparar até para as profissões que ainda não foram inventadas.

Que profissões você admira? Está estudando? Qual a sua escolaridade? Já trabalhou? Onde gostaria de trabalhar? Está fazendo o que gosta?

> Você descobrirá as suas habilidades e o que gosta de fazer.

> Observe o que faz com prazer no trabalho, na escola, no lazer, na comunidade, na igreja.
>
> Relembre o que sua família ou amigos já comentaram sobre as suas habilidades, quando você estava nos lugares relacionados acima. Poderá pedir a opinião deles novamente.

Relacione cinco coisas que você faz com amor.

É desta maneira que muitas pessoas têm a agradável surpresa de voltar a usar suas habilidades.

Elas descobrem que deixaram de usar suas habilidades nas atividades mais recentes.

> Em todos os capítulos, irei ajudá-lo a se conhecer, para que descubra suas habilidades. Você planejará como desenvolvê-las.
> *Defina como objetivo aquilo que você gosta de fazer.*
> Coloque esse objetivo numa pasta L, e, de vez em quando, acrescente algumas idéias de ações.

A sua mente inconsciente começa a buscar o que quer até nos momentos em que você estiver dormindo.

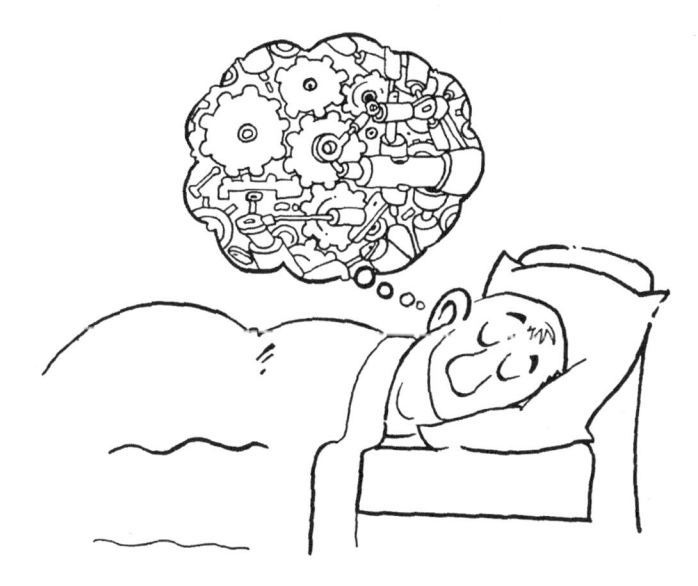

Você sabe que vai chegar lá.

Por que, neste século, a inteligência intuitiva será a inteligência mais importante?

Você Aprende a Aprender usando sua Intuição.

VOCÊ JÁ SABE O QUE QUER?

A escola de hoje desenvolve apenas a mente lógica.

PROBLEMA!

A sua intuição descobre o que você gosta de FAZER.

TRANSFORME SEUS DESEJOS EM REALIDADE. AO CRIAR, VOCÊ É CAPAZ DE AMAR ALGUMA COISA QUE AINDA NÃO EXISTE.

Charles Chaplin, no seu livro *História da Minha Vida*, relata que:

"Os entrevistadores me perguntavam sempre como é que me vinham as idéias dos meus filmes e até hoje não lhes dei uma resposta satisfatória. Depois de tantos anos de trabalho e experiência, descobri que *as idéias surgem em conseqüência do intenso desejo de concebê-las*.

Provocada por esse desejo, a mente se torna uma espécie de torre de observação à espreita de incidentes que possam excitar a imaginação — música, crepúsculos, qualquer coisa, enfim, pode ser a imagem capaz de inspirar uma idéia. Quando descobrimos um assunto capaz de estimulá-la, elaboramos os pormenores e desenvolvemos tal idéia, ou, se isso não é possível, descartamo-nos dela e procuramos outra. *Acumulação e eliminação representam o processo pelo qual acabamos chegando ao que desejamos*".

Já sabemos que, para criar, temos que acreditar que vamos conseguir. Agora, mostraremos a importância da Visualização.

Feche os Olhos para Ver:

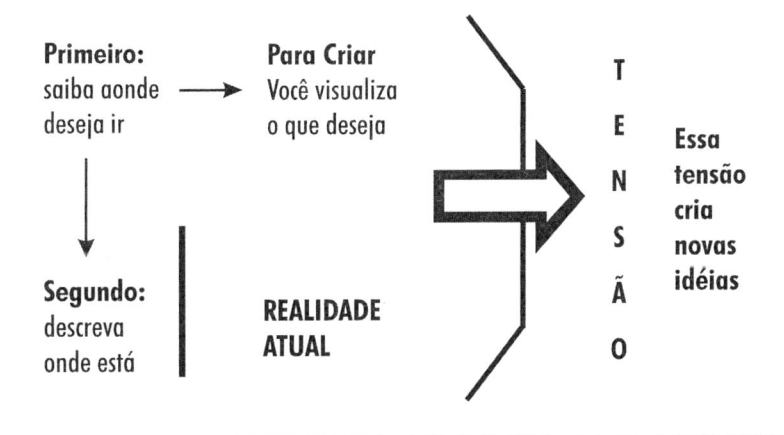

Primeiro: saiba aonde deseja ir → **Para Criar** Você visualiza o que deseja

Segundo: descreva onde está | **REALIDADE ATUAL**

TENSÃO

Essa tensão cria novas idéias

A diferença entre o que você Deseja e a Realidade Atual provoca uma TENSÃO que cria novas idéias.

A sua mente inconsciente começa a realizar o seu desejo até quando você está dormindo.

Você Cria Caminhando do Futuro para o Presente

Pense nos seus três objetivos:

- 1º e 2º objetivos algo importante.
- 3º Um projeto que ainda não existe.

Você deve reescrever os fatos da realidade de hoje. É muito provável que a realidade de hoje não seja mais o que você acreditava ser. No Exercício 6, do Capítulo 2, você perceberá que temos razão.

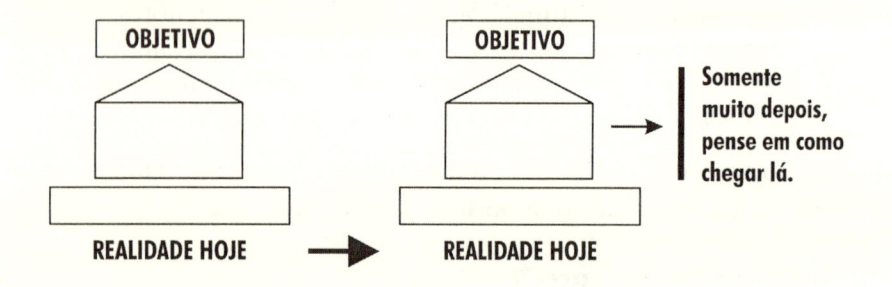

OBJETIVO	OBJETIVO	Somente muito depois, pense em como chegar lá.
REALIDADE HOJE	REALIDADE HOJE	

Nós organizamos *primeiro* os nossos pensamentos e, *depois*, as nossas ações.

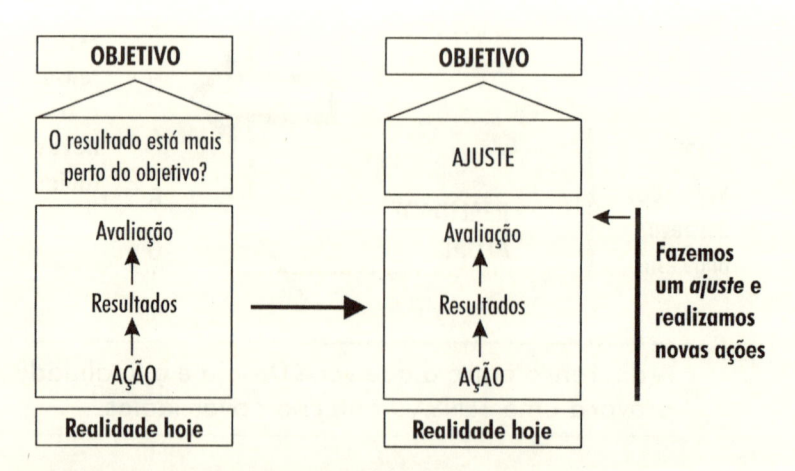

OBJETIVO	OBJETIVO	
O resultado está mais perto do objetivo?	AJUSTE	
Avaliação ↑ Resultados ↑ AÇÃO	Avaliação ↑ Resultados ↑ AÇÃO	Fazemos um *ajuste* e realizamos novas ações
Realidade hoje	Realidade hoje	

Redefinimos os nossos objetivos em conexão com a nossa realidade e reagimos.

Observações:

> Ao visualizar você se livra da limitação das palavras, que explicam com significados do passado.

1.4. Como as Pessoas Deixam de Usar a Sua Intuição

A explicação mais simples sobre o que é Mente Inconsciente e Mente Consciente eu ouvi assistindo a uma cientista Ph.D. britânica sendo entrevistada em uma TV de Belo Horizonte. Ela disse o seguinte:

"Você percebe a Mente Consciente quando observa seus pensamentos. Os seus pensamentos lógicos são orientados pela sua Mente Consciente. A nossa Mente Inconsciente é aquela parte do nosso cérebro que assume o comando quando estamos dormindo".

Quando você fecha os olhos para fazer um relaxamento e tenta não pensar em nada, você percebe pensamentos relacionados ao seu passado de muitos anos, ou algo que pode acontecer no futuro.

Você não sabia que esses pensamentos surgiriam naquele momento, e não consegue controlá-los. Quando isto acontece, você está mais perto de sua Mente Inconsciente, onde sua Intuição gera idéias criativas. Você não sabe que sabe.

Até 7 anos de idade todas as pessoas são criativas. Depois, a maioria das pessoas não consegue usar a sua Intuição. **Eu acredito que isso acontece quando somos alfabetizados. Quando aprendemos a ler e a escrever.**

Neste momento, o professor *exige atenção* para o aluno entender *as palavras e as letras que está lendo e escrevendo*, e "tenta controlar os pensamentos" do aluno. Nesse aprendizado, a criança não consegue associar seus pensamentos como fazia antes, quando ficava mais perto de sua Intuição. O professor exige concentração e quer que as palavras sejam escritas bem legíveis.

A partir deste momento, o aluno é dominado pela lógica e o professor sempre exigirá mais atenção para o que já é conhecido e está sendo apresentado. Nas aulas, os alunos são orientados a repetir o que a lógica de alguém está explicando.

Os alunos se tornam eternos ouvintes e, sem pensar, devem apenas memorizar e acompanhar o que o professor está explicando.

Quando todos os professores se tornarem criativos será possível conservar a criança criativa, permitindo diversas tarefas como arte, teatro e música para que elas continuem perto de sua Mente Inconsciente.

O adulto pode reeducar a sua lógica para que ela se aproxime de sua Mente Inconsciente e lhe traga novas idéias quando estiver lendo ou ouvindo explicações em reuniões ou em palestras.

As 100 ferramentas de criatividade que reuni e publiquei nos meus três livros têm esse objetivo.

> Quando você estiver assistindo a uma aula, ou a uma palestra, faça suas anotações com uma "caneta criativa", aquela que não falha, pois esta permite que você consiga escrever muito rápido sem precisar se concentrar para verificar que escreveu certo o que ouviu.
>
> Resuma suas anotações em uma folha, mas escreva *em forma de espinha de peixe*, ou deixe alguns espaços em branco.
>
> Por que essa maneira de escrever ajuda a ficar perto de sua Intuição? Porque você consegue resumir as idéias transmitidas sem respeitar a ordem de apresentação delas. Veja:

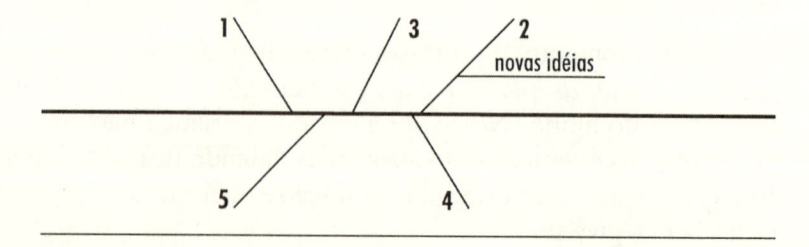

```
    1\      /3    /2
                 / novas idéias
────────────────────────────
    5/            4\
```

Quando você observa o que escreveu nas folhas, consegue relembrar o que foi dito, mas a sua Intuição consegue participar trazendo novas idéias.

No Capítulo 2, você verá que *a ordem de chegada das informações* determina o que você vê. Como eu tirei os pensamentos da ordem que a lógica enviou, a minha Intuição consegue se aproximar.

No Exercício 3, quando apresentei as cinco pessoas bem-sucedidas já adultas, eu sabia que cada uma delas descobriu o que gostava de fazer, em algum momento de sua vida. **Esse momento foi diferente para cada uma das cinco pessoas.**

- O que você pode aprender fora das escolas?
- Procurará desenvolver mais a habilidade para a qual tem muita dificuldade ou gastará mais tempo desenvolvendo as habilidades que utiliza com facilidade e prazer?
- Você daria aula de reforço em matemática para Picasso?
- Você aprenderá do mesmo jeito que as outras pessoas?

Apresentamos quatro sugestões para desenvolver a sua Intuição:

1. Aprenda conhecimentos informais práticos.

2. Aprenda a tornar o seu pensamento inconsciente mais visível.

3. Descubra o que gosta de fazer.

4. Aprenda a se aproximar mais de sua Mente Inconsciente.

1. APRENDA CONHECIMENTOS INFORMAIS PRÁTICOS.

Apresentarei uma síntese do estudo realizado pelo sociólogo Harriet Zuckerman, para mostrar como alguns pesquisadores ajudaram outros pesquisadores, mesmo sem entender as suas especialidades técnicas. Zuckerman descobriu que, na convivência do dia-a-dia, alguns pesquisadores que ganharam o Nobel usaram a sua Intuição e ajudaram outros pesquisadores a ganharem esse prêmio.

- **Os dois prêmios Nobel**, Ernest Lawrence e Niels Born, orientaram **quatro** cientistas a também ganharem esse prêmio.

- **Um prêmio Nobel**, Enrico Fermigan, orientou **seis** pesquisadores da Instituição Enrico Fermigan a ganharem esse prêmio.

- **Os dois prêmios Nobel**, J. J. Thomson e Ernest Ruther Ford, treinaram e influenciaram **dezesseis** ganhadores de Nobel.

Os cientistas que orientaram o desenvolvimento de outros cientistas não tinham condições de se aprofundar em outros conhecimentos técnicos. Sem saberem como, eles transmitiam sua maneira diferente de pensar e suas estratégias para solucionar os problemas do dia-a-dia e buscar o desconhecido. Eles, inconscientemente, ensinaram seus conhecimentos informais.

Os conhecimentos informais podem ser aprendidos desde o Ensino Fundamental. Podem ser aprendidos em qualquer fase da vida.

No futuro, todos os professores deverão ser criativos e intuitivos. Além dos conhecimentos científicos, ensinarão conhecimentos informais, como fazem os prêmios Nobel que ajudam a formar outros ganhadores desse prêmio.

Enquanto isso não acontecer, *sugiro que você aprenda conhecimentos informais* lendo livros, revistas e jornais. E telefone para a casa de pessoas "interessantes".

Escolha alguém que acabou de se aposentar e diga-lhe: *"Eu admiro o seu trabalho e gostaria de visitá-lo para conhecê-lo"*. Serão poucos minutos, mas acredito que será um grande prazer. *Prometa que quer ouvi-lo.*

Duvido de que não seja recebido. A maioria das pessoas é apaixonada por si mesmo. Mas o que é interessante é que todas as pessoas têm conhecimentos informais que podem ser úteis.

A maioria das pessoas não sabe que tem conhecimentos informais, mas quando são aplaudidas como bem-sucedidas, elas dizem que o que aprenderam no dia-a-dia foi mais importante do que os conhecimentos aprendidos na escola.

Esses conhecimentos informais nunca foram explicitamente ensinados.

Descubra os conhecimentos informais das pessoas.

Quando alguns empresários ou inventores bem-sucedidos são entrevistados pela imprensa, o entrevistador quase sempre pergunta **o que** ele fez de especial e **como** fazia para conseguir realizar o que realizou. Na maioria dessas consultas, os entrevistados dizem que as coisas especiais que eles fizeram não aprenderam na escola. Eles aprenderam fazendo no dia-a-dia. O entrevistador tenta descobrir essas coisas especiais que os tornaram notáveis e em pouco tempo desiste. Certamente acredita que se trata de algo meio invisível.

Creio que isto acontece porque os entrevistados, ao serem pegos de surpresa, não sabem explicar o que fazem e como fazem. Esses conhecimentos são conhecimentos informais que surgiram nas suas mentes inconscientes no seu dia-a-dia.

Eles não são aprendidos nas escolas, porque o ensino atual é apoiado apenas na lógica. E o conhecimento informal é intuitivo.

Todas as pessoas podem ter conhecimentos que não são ensinados nas escolas.

Desenvolva seus conhecimentos informais, desenvolvendo sua Intuição.

> Os conhecimentos informais são tão importantes quanto os conhecimentos acadêmicos que aprendemos nas escolas.
>
> Acredito que não precisamos ser psicólogos para descobrirmos os conhecimentos informais.
>
> **O seu maior conhecimento informal é a sua Intuição? Sim! Por que não?**

2. APRENDA A TORNAR O SEU PENSAMENTO INCONSCIENTE MAIS VISÍVEL.

> Quantas vezes você conversou com um amigo e, só depois de falar alguns minutos, você se percebe dizendo: "Que interessante, eu não sabia que sabia o que acabei de falar".
>
> Algumas pessoas são mais auditivas e aprendem mais facilmente ouvindo a sua própria voz.

Diga as suas idéias a você mesmo se estiver sozinho. Converse com as outras pessoas se estiver em grupo. Expresse suas idéias, assim que surgirem. Você pode se surpreender aprendendo com você mesmo.

> O presidente de uma grande empresa considerava o gerente de marketing o seu *sparring*. **O presidente sabia que aprendia e criava falando**. Ele usava o seu *sparring* para fazer perguntas e criticá-lo horas seguidas, até surgir a nova idéia. Mas se alguém fizesse alguma crítica ao seu gerente ele virava uma fera. Ele queria que o seu *sparring* continuasse *valente* com as outras pessoas.

Para continuar criando, o presidente resolveu passar o fim de semana perto da natureza, junto com seu gerente de marketing. Acamparam numa floresta.

Depois de alguns momentos, eles viram um tigre faminto no alto da montanha. O presidente sentiu que o tigre iria pegá-los e se preparou para correr.

Ficou perplexo quando viu o gerente sentado no chão.

Ele gritou, perguntando: *"O que você está fazendo?"*

O *sparring* lhe disse que estava **calçando o seu novo tênis de corrida**. O presidente gritou novamente: *"Você continua um idiota!"* *"Você acredita que com seu tênis, vai correr mais do que o tigre?"*, ao que o *sparring* retrucou: *"Não. Eu quero apenas correr mais do que você"*.

Muitas pessoas se tornam desumanas. Utilizam as pessoas para se desenvolver, mesmo que isso signifique menosprezá-las. **Cuidado com o tigre!**

Eu conheci o presidente e o seu *sparring*, mas a história do tigre é uma brincadeira e não aconteceu.

Se você for cinestésico, como era Ayrton Senna, e precisar mexer com o corpo, anote as suas idéias. Quando você anota as idéias evita esquecê-las. E o mais importante é que *ao anotar, você permite que essas idéias busquem outras* que ficariam no inconsciente se você não tivesse anotado as primeiras idéias.

Cuidado com o que desejar. Você pode conseguir.

Conversar com a Intuição é como conversar com Deus.

3. DESCUBRA O QUE GOSTA DE FAZER.

Quando fazemos o que gostamos, voltamos a ser criativos e perdemos o medo de errar.

Ao Fazer Algo de que Gosta, a sua Intuição Sempre o Ajudará.

Isto já aconteceu a milhares de pessoas, desde Monteiro Lobato ao musical *Cats* – Um certo empresário, ao conhecer a proposta, teria comentado: Esse musical não tem chance de sucesso. A peça ficou sete anos em cartaz. Você não pode esperar passivamente que alguém lhe ensine a aprender, e lhe diga o que você gosta de fazer.

Estamos resumindo algumas idéias para lhe dizer que: *Você é responsável para fazer mais o que gosta em todas as idades.*

Aprenda descobrindo e fazendo. Aprenda algumas idéias para fazer o que gosta:

- Procure ser Intuitivo ao receber conhecimentos transmitidos da lógica de alguém para a sua lógica. Pense e faça anotações na forma de uma espinha de peixe.
- Sempre que possível, aprenda descobrindo os 10 a 20% da matéria que representam 80% de importância.
- Seja um autodidata: Aprenda conhecimentos informais...
- Aprenda descobrindo e fazendo, conhecendo suas habilidades e descobrindo o que gosta.
- É preciso fazer alguma coisa para se desenvolver. Se o seu emprego for "provisório" e você não estiver fazendo o que gosta, ainda assim estará se desenvolvendo se estiver desenvolvendo suas Habilidades. Por exemplo, se você quer ser professora e está trabalhando numa papelaria, você pode desenvolver a habilidade de relacionamento tratando bem os clientes. Quando você for professora precisará dessa habilidade.

"A principal obra de um homem é fazer nascer tudo que ele pode SER."

Erich Fromm

4. Aprenda a se Aproximar Mais de sua Mente Inconsciente.

Trabalhe ouvindo uma música barroca com um som baixo, quase imperceptível, que imite as ondas alfa como as do nosso cérebro, quando estamos quase cochilando.

Você pode usar esse recurso para aprender, criar e para ensinar em uma sala de aula. Os alunos que aprendem ouvindo música barroca têm melhor rendimento do que os alunos que não ouvem.

1.5. Visualize a Sua Vida Usando Um Modelo

Tudo o que você utiliza na sua casa é um mundo visível, que um dia foi criado por um pensamento, uma idéia ou imagens de algumas pessoas.

Dizemos que esse mundo da criação é mágico porque, na nossa educação, as pessoas não aprendem como criar ou solucionar problemas. Não aprendemos como pensar para criar.

Para você desenvolver a sua Intuição e não se bloquear pelo significado das palavras e da sua experiência, eu utilizei 56 *cartoons*, ou 56 figuras ou imagens, para você ler este livro usando mais a sua Mente Inconsciente.

Uma Imagem vale mais do que mil palavras.

Um Modelo vale mais do que mil imagens.

> Quando pensamos, usando modelos, a mente lógica ajuda a Mente Inconsciente a criar.

Se você criar um protótipo ou uma maquete para apresentar um projeto que inventou, você está criando um modelo para mostrar o seu projeto.

As pessoas passam e observam detalhes, cuja existência nunca tinham imaginado, *quando você simplesmente explica o seu projeto*. O seu projeto fica mais visível e mais real com o modelo.

As pessoas melhoram o seu protótipo e você cria facilmente um novo protótipo.

Nas próximas páginas, apresentarei sínteses de dois modelos para você descobrir, por exemplo, o que precisa FAZER para realizar seus objetivos.

Você perceberá algumas relações entre os subsistemas e como elas acontecem em lugares distantes e em tempos distintos.

Imagine com quem você se relaciona e como se relaciona nos diversos subsistemas:

MODELO I – PARA VOCÊ DESCOBRIR O QUE QUER FAZER.

Ao ver a sua vida usando um modelo, você descobre o que precisa fazer hoje para criar o seu futuro. Percebe a sua vida de uma nova maneira. Você vê cada parte e cria novas idéias ao perceber novas conexões, que não tinha visto.

As palavras que usei para descrever o Modelo I podem ser entendidas também como metáforas para gerar idéias.

Não fique preso ao sentido de cada palavra, mas perceba as associações de outras idéias que você conseguir pensar.

Uma metáfora permite fazer conexões do que você conhece, ou a maneira como percebe a sua vida com as coisas desconhecidas.

Quando ler a palavra Lazer, poderá lembrar que em determinados momentos de sua existência não existe futuro nem passado. Existe o agora. Através do seu Lazer, você descobre habilidades que pode usar no seu trabalho.

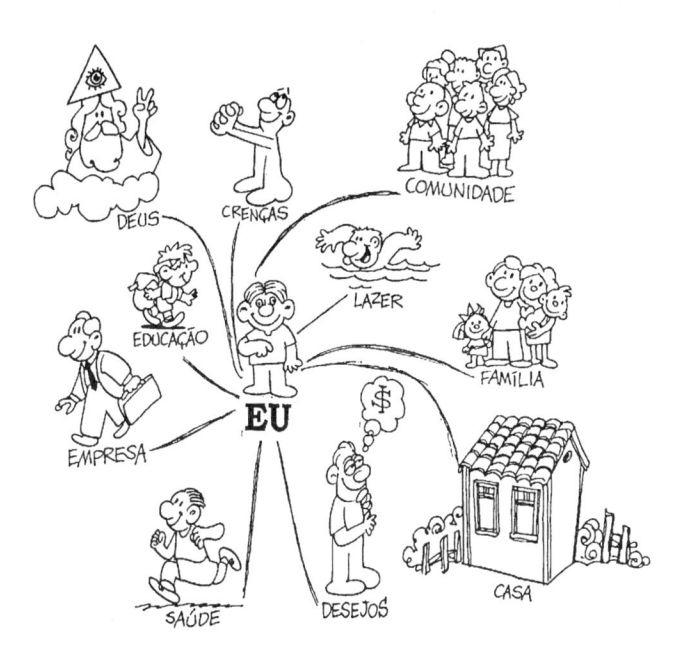

Descubra o que quer fazer fazendo perguntas usando as palavras: onde, quando, por que, o quê, como, quem.

Sempre que lhe apresentarem um problema com uma visão estreita, veja-o dentro de um sistema ou dentro de um modelo maior.

Em vez de ver a saúde como a cura de doenças, veja-a como: fazer exercícios, ter bons relacionamentos, fazer o que gosta e gostar de rir.

> Muitas vezes, a sua Mente Inconsciente vai lhe dar sinais através de uma simples palavra. O cientista Albert Einstein sabia disso quando disse que a letra de uma canção **que nos chega de repente** pode nos ajudar a resolver um grande problema.
>
> Se você parar para perguntar por que está cantando esta letra, algumas vezes você descobrirá o que não sabia.
>
> A maioria das pessoas tem suas melhores idéias quando fecham os olhos para dormir. Einstein dizia: **"Eu fecho os olhos para ver".**

Einstein fechava os olhos em qualquer lugar, sem estar querendo dormir.

Responda o que precisa FAZER para realizar seus objetivos.

MODELO II – PARA VOCÊ DESCOBRIR O QUE GOSTA DE FAZER

Preparei o Modelo II usando as mesmas palavras dos subsistemas do Modelo I. Mas escolhi novos significados para essas palavras.

SAÚDE: Quando a dor de dente vem, você esquece a dor de cabeça.

Saudável é aquele que consegue evitar a dor de cabeça sem a necessidade da dor de dente.

Como cuidarei da minha saúde?

DESEJOS: *"Nosso limite maior é a imagem que temos de nós mesmos."* (Orison Sweet Marden)

Ter-se visão sem ação é sonhar acordado.

Ter-se ação sem visão é um pesadelo.
(Provérbio japonês)

E a minha vida?

EMPRESA: Não é porque as coisas são difíceis que não ousamos.

"É porque não ousamos que as coisas são difíceis."
(Sêneca)

Que novo conceito de negócio eu posso reinventar?

FAMÍLIA: A família é a escola do sentimento.

Amor é como manteiga, é bom com pão.

"Na família aprendemos a planejar bem a vida."
(Nilton Bonder)

Como vou de amor?

LAZER: Você já observou as crianças brincando?

Elas se concentram no que interessa e parecem isolar-se de tudo o mais. Há alegria e espontaneidade em sua brincadeira.

Como ter mais momentos perto de minha criança?

COMUNIDADE: Se você perde o auto-respeito, também perde o respeito aos outros.
Sem amor próprio como modelo não é possível amar o nosso semelhante.

DEUS: Esperar por Deus é a entrega antes da entrega? É estar nas mãos de Deus?
E eu onde estou?

EDUCAÇÃO: "A essência do conhecimento é, uma vez o tendo, saber aplicá-lo; não o tendo, saber confessar sua ignorância." (Confúcio)
"Levei toda a minha vida para compreender que não é necessário compreender tudo." (Rene Coty)

CRENÇAS: Saber perguntar é mais importante do que ter boas respostas. Entre a verdade e a busca dela, fico com a última.
Será que eu ainda penso assim nesse exato momento?

Utilize os dois Modelos (I e II) e descubra o que precisa FAZER para realizar seus objetivos.

Volte a "olhar" as páginas do Modelo I.

Faça novas perguntas e anote o que descobrir para melhorar seus três objetivos que estão na pasta L.

Feche os Olhos para Ver.

1.6. Dicas para a Sua Mente Inconsciente Criar

- O Inconsciente só começa a ajudá-lo quando você escreve ou fala o que quer realizar.

> Você tem de aprender a perguntar a sua Intuição o que precisa SABER e FAZER.
>
> • A sua Intuição lhe diz **aonde** quer chegar e só algum tempo depois você descobre **como** realizar o que deseja.

Use a sua pasta L para conduzir seus projetos. Pergunte a sua Intuição até a sua lógica entender as respostas dela.

Você aprende a descobrir os sinais de sua Intuição.

Nos Estados Unidos, entre os dirigentes que dobram os lucros da empresa em cinco anos, 80% são muito intuitivos.

> • Aprenda a adiar o julgamento quando a idéia surgir.
> Você conhece a pessoa que mais censura suas idéias?
> É Você!

A sua Intuição só aparece se você aprender a adiar o julgamento de sua lógica.

> • Visualize o que quer conseguir.
>
> A visualização é muito utilizada nos esportes. Em vários esportes, as pessoas deitam no chão e treinam visualizando as jogadas que querem fazer. Cada um visualiza a jogada e se vê acertando. Se erram, visualizam novamente até acertarem.

Einstein afirmava que raramente pensava usando palavras.

As idéias vinham em imagens, e somente depois ele tentava expressar em palavras ou fórmulas.

Ele imaginava como seria o mundo para uma pessoa viajando pelo espaço, montada em um raio de luz.

Einstein sabia que a nossa Mente Inconsciente usa as palavras de uma maneira diferente da lógica. O uso exclusivo de palavras pode bloquear o pensamento criativo.

Para a sua Mente Inconsciente não se bloquear, use modelos e sistemas.

- Ao visualizar, você caminha do presente para o futuro, sem ser bloqueado pelas palavras. Use Metáforas – Use MODELOS – Use Imagens – Pense em Sistemas.

Os Profissionais da 3M Criam do FUTURO para o PRESENTE.

Eles se livram dos bloqueios, tais como "não adianta tentar o que ainda não existe".

Visualizam o que querem daqui a três anos.

Voltam e pesquisam no mercado.

Se ainda não existem os materiais com as qualidades de que eles precisam, mandam fabricá-los.

O **Aprender a Aprender** tem que ser aprendido o mais cedo possível. Antes de ser Ph.D. você aprende descobrindo e criando.

O processo de Aprender a Aprender é igual ao processo de Criar.

> - Você aprende lendo, ouvindo ou falando? Alguns professores pensam que todos os alunos aprendem do mesmo jeito.
> - Descubra como você Aprende e use mais o seu jeito de aprender. Não significa que você não vá utilizar os outros jeitos.

- Ao gerar novas idéias, observe o que está sentindo. Siga os seus sentimentos. O poeta Carlos Drummond de Andrade sentia que o seu corpo ficava quente quando criava (os seus pensamentos ferviam?).

Perceba o que acontece no seu corpo, quando está inspirado.

- Descubra o seu conhecimento informal. Aprenda o conhecimento informal das pessoas.

- O jeito de usar as palavras determina o que você vê. Em castelhano a palavra agasalho é abrigo...
Vocês perceberão a influência das palavras ao Criar.

- **Quando você tem as suas melhores idéias?**

Você pode usar mais os seus momentos especiais para criar.

Thomas Edison tinha apenas o curso primário e inventou centenas de patentes. Ele tinha o hábito de cochilar, sentado numa cadeira com uma das mãos fechada contendo algumas bolinhas.

Quando ele começava a dormir, a sua mão se abria e as bolinhas caíam num balde, acordando-o. Ele pegava a caneta e escrevia as idéias que estava pensando.

Você pode usar a caneta criativa para aproveitar mais seus momentos criativos.

- Aprenda a perguntar como a criança. Se não souber as respostas, siga as respostas do Inconsciente.

O aluno deveria ganhar uma boa nota sempre que fizesse uma boa pergunta ou uma pergunta tola.

- Faça meditação.

Você desenvolve a sua Intuição e busca as verdades dentro de você.

Meditar nada mais é do que ficar concentrado e limpar a mente, parar de pensar. Não pensar em nada.

A dica básica é concentração. Você fecha os olhos e se concentra, por exemplo, na sua respiração. Eu faço meditação nas minhas caminhadas diárias. Mantenho o corpo ereto, olho para baixo e me concentro em ver o movimento dos meus pés.

Existem dezenas de livros que ensinam a meditar.

A meditação tem muitos efeitos positivos sobre o sistema imunológico, reduz a tensão e alivia a dor.

"Um dos maiores cardiologistas, Herbert Benson, da Universidade de Harvard, é um grande pesquisador de meditação. Ele estima que 60% das consultas médicas poderiam ser evitadas se as pessoas usassem a mente para combater as tensões causadoras de complicações físicas." Editora Abril – outubro de 2003.

Dez milhões de americanos meditam regularmente.

O grande objetivo da meditação é atingir a iluminação. Muitas pessoas usam a meditação para desenvolver a sua intuição.

- As pessoas criativas acertam até quando "erram". Elas usam e abusam do ACASO.

A Intuição APARECE sempre que dela precisamos.

Agora, retorne ao *Exercício 2*. Leia a seguir as 22 respostas da Madre Teresa de Calcutá e compare com as suas.

Qual é?

1. O dia mais belo? Hoje.
2. A coisa mais fácil de acontecer? Enganar-se.
3. O maior obstáculo? O medo.
4. O maior erro? Desistir.
5. A mais bela distração? O trabalho.
6. A pior derrota? O desânimo.
7. Os melhores professores? As crianças.
8. A primeira necessidade? Comunicar-se.
9. A coisa que nos faz mais feliz? Ser útil ao próximo.
10. O maior dos mistérios? A morte.
11. O pior defeito? O mau humor.
12. A pessoa mais perigosa? A mentirosa.
13. O pior sentimento? O rancor.
14. O presente mais belo? O perdão.

15. O mais imprescindível? O lar.
16. O caminho mais rápido? O caminho correto.
17. A sensação mais agradável? A paz interior.
18. A melhor defesa? O sorriso.
19. O melhor remédio? O otimismo.
20. A força mais poderosa do mundo? A fé.
21. As pessoas mais necessárias? Os pais.
22. A coisa mais bela de todas? O amor.

Madre Teresa de Calcutá.

Se eu tivesse mostrado primeiro as respostas de Madre Teresa para as 93% das pessoas que não acreditam que são Intuitivas, elas nem tentariam responder as 22 perguntas porque a crença delas de que não são Intuitivas lhes diria: *"Madre Teresa era a Madre Teresa, eu não consigo fazer melhor do que ela".*

Quantas vezes você deixou de criar algo porque não acreditou que conseguiria?

Nós aproximamos você de sua Intuição para você saber que é Intuitivo. A maioria das pessoas que fazem este Exercício sorri de alegria. Elas percebem que algumas de suas respostas são "mais verdadeiras" para o dia de hoje. Isso aconteceu com você?

> Esse Exercício 2 atua sobre Crenças. A partir do momento que você respondeu as 22 perguntas, já sabe que é uma pessoa Intuitiva. Onde estiver, você tentará melhorar o que faz.
>
> Você é criativo! Você é capaz de fazer a sua Intuição aparecer sempre que precisar.

Vamos ver o que acontece com seus objetivos daqui a quatro meses quando você estiver usando mais ferramentas de criatividade que ajudam a SER mais Intuitivo.

1.7 A Sua Intuição Erra e Acerta Sem você Perceber

Até sete anos de idade nós sabemos usar a nossa Intuição. Depois dessa idade, você já leu no Capítulo 1 – "Como as pessoas deixam de usar a sua Intuição".

As pessoas usam a sua Intuição sem saber que a está usando e a maioria delas erra ao usá-la.

Na maioria das vezes em que você usa a sua Intuição ocorre algumas sensações, "vibrações corporais" ou energia em uma parte do corpo. A maioria das pessoas não sabe que essa boa ou má sensação é o sinal da Intuição ao lhe trazer uma idéia inesperada.

Aprendi que ao prestar atenção a todas as partes do nosso corpo, conseguimos perceber as "vibrações corporais" numa dessas partes nos momentos de Intuição.

Já que a Intuição pode se manifestar em qualquer momento, em qualquer lugar e nas situações menos esperadas, é importante que aprendamos a reconhecê-la e a responder a sua chegada.

Verifique se *ocorreram algumas mudanças nas sensações que experimentou*.

O que acontece com as vibrações corporais ou energia, em seus momentos de Intuição?

Você sente dor de cabeça quando a sua Intuição erra?

Dor nas costas?

De repente você se sentiu muito bem (a sua Intuição acertou)?

Uma importante experiência para entender a Intuição foi realizada nos Estados Unidos, pelo cientista americano Charles Tart, da Universidade da Califórnia, com pessoas não-sensitivas (normais). Eu citei essa experiência no meu segundo livro.

Esta experiência consistiu em deixar uma pessoa sozinha, numa sala escura e à prova de som, tendo ao seu lado um telégrafo e com o corpo ligado a aparelhos de eletrocardiograma, eletroencefalograma etc.

O voluntário foi instruído a utilizar o telégrafo sempre que percebesse algum sinal externo, por menor que ele fosse. Em outra sala, distante da anterior, mas no mesmo prédio, foi deixada, também sozinha, uma outra pessoa que, por sua vez, foi orientada a transmitir telepaticamente, à pessoa da primeira sala, a sensação de pequenos choques aleatórios a que estava sujeita.

Os voluntários, que deveriam acusar o recebimento das mensagens acionando o telégrafo, em sua maioria diziam não ter recebido nada. Outros confirmaram o recebimento das mensagens, mas acionaram o telégrafo em horários diferentes daqueles nos quais as transmissões foram tentadas.

A experiência revelou que, de modo consciente, as pessoas não perceberam as mensagens. Surpreendentemente, observou-se que, embora as mentes das pessoas não tenham recebido as mensagens telepaticamente, *seus corpos captaram-nas indicando alterações nos eletros* nos momentos em que eram aplicados choques nos voluntários transmissores. Isso ficou registrado nos aparelhos de eletrocardiograma, eletroencefalograma, conectados a todos os voluntários.

Por esse motivo dizemos que a melhor "estratégia" para desenvolver a Intuição é perceber a sua chegada, deixando a atenção repousar no corpo.

Os reflexos de defesa dos Samurais muitas vezes são ditados por sua Intuição. Eles pressentem o ataque antes de avistarem o adversário. Não precisam de todas as informações na mente, para saber que elas existem. São capazes de lutar de olhos vendados.

Uma das maneiras para desenvolver a Intuição é cuidar do corpo através de massagens, danças e meditação. É preciso dar ao corpo aquilo que ele gosta.

**A sua Intuição acerta até quando erra.
O acaso é Deus dentro de você.**

A lógica só explica depois que a Intuição mostra a nova Idéia.

Resumindo:

Descubra o que quer.

Os três exercícios apresentados neste Capítulo 1 foram criados para comunicar as seguintes conclusões:

- Exercício 1: Descubra três objetivos.

  Ao definir três objetivos que você deseja realizar, durante a leitura deste livro, descobrirá algumas ações criativas para realizar seus objetivos. Você criará o seu futuro.

- Exercício 2: Qual é?

  Você agora tem certeza de que é Intuitivo e de que pode desenvolver sua Intuição.

- Exercício 3: O que essas cinco pessoas bem-sucedidas tinham em comum?

  Você está começando a descobrir suas Habilidades.

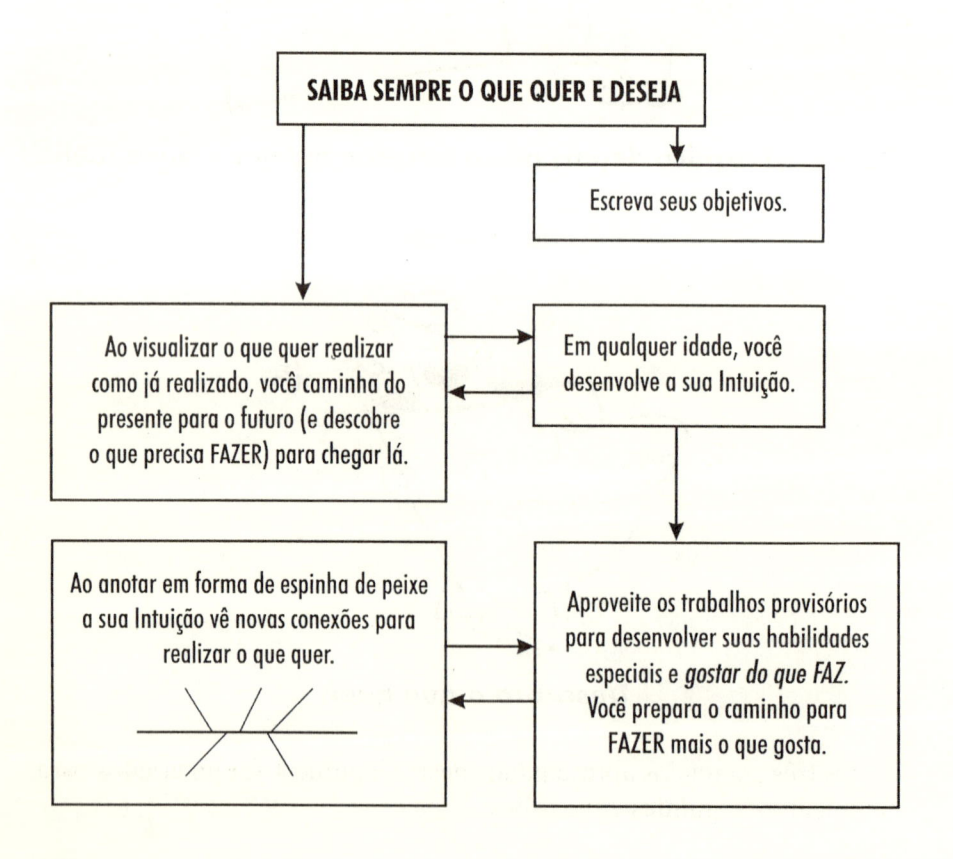

```
┌─────────────────────────────────────┐
│   SAIBA SEMPRE O QUE QUER E DESEJA  │
└─────────────────────────────────────┘
```

Escreva seus objetivos.

Ao visualizar o que quer realizar como já realizado, você caminha do presente para o futuro (e descobre o que precisa FAZER) para chegar lá.

Em qualquer idade, você desenvolve a sua Intuição.

Ao anotar em forma de espinha de peixe a sua Intuição vê novas conexões para realizar o que quer.

Aproveite os trabalhos provisórios para desenvolver suas habilidades especiais e *gostar do que FAZ*. Você prepara o caminho para FAZER mais o que gosta.

Sempre que interromper a leitura deste livro por mais de um dia, você poderá esquecer algumas idéias e conceitos apresentados aqui.

Para ajudá-lo a memorizar e resumir as idéias mais importantes, seguiremos as sugestões do Professor Kasuhito Yamamoto apresentadas no seu livro *Vamos Estudar Assim*.

Faremos sete perguntas: Quem? Onde? Como? Quanto? O quê? Por quê? Quando?

QUEM?

Você pode e deve:

- Definir três projetos de vida que quer realizar.
- Criar novos conceitos de negócio. Por exemplo: vender pipoca para comer, ou vender pipoca como um isolante.
- Descobrir o seu talento especial e fazer o que gosta em momentos diferentes de sua vida.
- Perguntar a sua Intuição o que precisa SABER e FAZER.
- Aprender os conhecimentos informais das pessoas.

ONDE?

- Em todos os capítulos nós o ajudaremos a descobrir suas Habilidades especiais.
- Coloque seus objetivos numa pasta L.

COMO?

- Você Vê o que Crê.
- Se você fez o Exercício da Madre Teresa, **você sabe que é criativo**.
- Você precisa FAZER nossos exercícios. Você não aprende Intuição lendo o que Fazer para SER Intuitivo.
- Desenvolva mais a habilidade que tem facilidade.
- Você sente no corpo os sinais da sua Intuição.

QUANTO?

- Podemos desenvolver dezenas de hábitos mentais que nos permitem usar nossa Intuição.

  Por exemplo: Fazer Meditação e Visualização; escrever com a mão não dominante, ouvindo uma música suave; usar Modelos – um Modelo equivale a mil Imagens. Você imagina novas idéias percebendo novas conexões entre as partes.

O QUÊ?

Você pode e deve criar. Você realiza:

- Inovação – criando para uma empresa ou um sistema.
- Intuição – criando em um estado de consciência mais profundo.
- Criatividade – criando em um estado de consciência menos profundo.

POR QUÊ?

A Inteligência Intuitiva será a Inteligência mais importante?

- Só conseguimos criar usando a nossa Intuição.
- Ela ajudará as pessoas a fazerem o que gostam.
- Ajudará os adultos recém-alfabetizados a aprenderem e a se desenvolverem acreditando que têm algo bom dentro de si.

QUANDO?

- A sua Intuição só começa a ajudá-lo quando você passa a escrever e pensar intensamente o que quer realizar. Até quando lê um jornal, você recebe dicas para realizar o que quer.
- Cada pessoa descobre seu talento em momentos diferentes de sua vida.
- A maioria das pessoas deixa de usar sua Intuição com 7 anos de idade, quando começa a ser alfabetizada.
- Ao fazer o que gosta, a sua Intuição sempre o ajudará a Criar.
- Comece a praticar imediatamente o que está aprendendo.

Quando terminar a leitura deste livro continue criando idéias para realizar seus três objetivos.

Capítulo 2:

DESENVOLVER AS SUAS HABILIDADES

2.1. Exercício 4: Um questionário que pode melhorar a sua vida
2.2. Descubra que habilidades você precisa desenvolver
2.3. Como criar e implementar suas idéias
    2.3.1. Exercício 5: Os índios
2.4. As oito inteligências, profissões e o fazer necessários
2.5. Hábitos mentais que precisamos desenvolver desde o ensino fundamental
    2.5.1. Exercício 6: Criando o seu próprio futuro – redefinindo os três objetivos
2.6. Exercício 7: Desenvolva a sua habilidade lógica
2.7. Exercício 8: Desenvolva a sua habilidade empreendedora
2.8. Exercício 9: Desenvolva a sua habilidade emocional

2.1. Exercício 4: Um Questionário que Pode Melhorar a Sua Vida

O questionário apresentado a seguir não mede Q.I., conhecimento profissional, caráter ou personalidade.

Ele apenas mostra a sua maneira atual de pensar, de resolver problemas e de tomar decisões no dia-a-dia.

Você deve respondê-lo levando em conta aquilo que faz quotidianamente.

Marque apenas com um X para cada questão.

1. A – Uso mais o racional do que os sentimentos.

   B – Sou sentimental e, de vez em quando, me emociono.

2. A – Uso muito o raciocínio numérico, buscando os fatos e quantificando as idéias.

   B – Geralmente organizo e controlo o que precisa ser controlado.

3. A – Gero idéias originais.

   B – Gosto de implementar as idéias. Tenho facilidade de colocá-las em prática.

4. A – Percebo e sinto no corpo quando uma idéia é boa.
   B – Freqüentemente gero idéias novas.
5. A – Nas coisas importantes sigo meus sentimentos.
   B – Gosto de organizar as coisas.
6. A – Constantemente, julgo os fatos e analiso o que é certo e errado.
   B – Muitas vezes decido com base na minha intuição, mesmo sem ter todas as informações e dados sobre o problema.
7. A – Freqüentemente, planejo o que precisa ser implementado.
   B – Freqüentemente consigo expressar em números as coisas importantes.
8. A – Tenho o hábito de trabalhar em diversos projetos ao mesmo tempo.
   B – Dou importância às coisas espirituais.
9. A – Gosto de analisar as partes e seus relacionamentos.
   B – Quem me conhece diz que sou criativo.
10. A – Controlo e coordeno com facilidade o trabalho de outras pessoas.
    B – Sinto-me mais à vontade orientando pessoas, obtendo resultados, do que resolvendo problemas técnicos.

Agora, com base nas suas respostas, você descobrirá como utilizar cada uma das quatro habilidades:

1. Lógica
2. Organização
3. Sentimentos
4. Criatividade

Resultados do Questionário

Utilize o Quadro 1, a seguir, para você aferir suas respostas do Exercício 4. Assinale com um traço as suas opções e escreva o número total de respostas para cada habilidade.

Nome: ....

Profissão: ....

Quadro 1

Lógica	Organização	Sentimentos	Criatividade
1 – A	2 – B	1 – B	3 – A
2 – A	3 – B	4 – A	4 – B
6 – A	5 – B	5 – A	6 – B
7 – B	7 – A	8 – B	8 – A
9 – A	10 – A	10 – B	9 – B

Nº total de
respostas: ....

Pela classificação abaixo você pode avaliar como está em cada uma das quatro habilidades mentais.

1. Insuficiente	2. Regular ou Bom	3. Muito Bom
(Dificuldade para utilizar a habilidade)	(Utiliza razoavelmente bem a habilidade)	(Facilidade para utilizar a habilidade)

Quadro 2 – Desempenho nas quatro habilidades. Número de respostas em cada habilidade

Habilidade / Desempenho	Lógica	Organização	Sentimentos	Criatividade
Insuficiente	0 – 1	0 – 1	0 – 1	0 – 1
Regular ou bom	1 – 2	1 – 2	1 – 2	1 – 2
Muito bom	3 – 4	3 – 4	3 – 4	3 – 4

Quadro 3 – Resultado do seu teste

Este quadro em branco serve para você anotar o seu desempenho nas habilidades baseando-se no número de respostas em cada uma delas.

Habilidade	Lógica	Organização	Sentimentos	Criatividade
Nº de Respostas	( )	( )	( )	( )
Desempenho	....	....	....	....

(Veja no Quadro 2 o seu desempenho.)

Veja no Quadro 4, abaixo, o resultado da aplicação deste exercício com uma Secretária Executiva.

Quadro 4 – Resultado de um teste

Habilidade	Lógica	Organização	Sentimentos	Criatividade
Nº de Respostas	(1)	(4)	(3)	(2)
Desempenho	Insuficiente	Muito bom	Muito bom	Regular

Na minha vida profissional na Petrobras, iniciada em 1964, exerci diversos cargos gerenciais. Desde gerente de projetos e planejamento a gerente de operações de uma refinaria.

Em todas essas atividades eu gostava de trabalhar em grupos multifuncionais. Coordenei muitos grupos multifuncionais de sete a oito pessoas de diversas divisões e em toda a minha vida quis entender como as pessoas criam em grupo.

Depois de algum tempo trabalhando em grupo, eu me perguntava: Por que alguns grupos criam e implementam suas idéias? Por que alguns grupos criam, mas não implementam suas idéias? Por que outros grupos implementam as idéias, mas não criam? E há grupos que nem implementam nem criam.

Eu percebia que era importante ter conhecimentos, mas sentia que *não bastava o grupo ter conhecimentos para criar e implementar as idéias.*

Depois de algum tempo, a minha intuição descobriu que existem quatro habilidades envolvidas:

1. SER LÓGICO
   Quantificar e analisar os fatos.

2. SER EMOCIONAL (sentimentos).
   Saber lidar com as pessoas.

3. SER CRIATIVO
   Inovar e descobrir oportunidades.

4. SER EMPRENDEDOR (organizado)
   Comandar a mudança. Ser prático.

Por volta de 1985 eu descobri que apenas 4% das pessoas possuem todas essas quatro habilidades bem desenvolvidas.

Quando o grupo incorpora as quatro habilidades, **ele é capaz de criar e implementar suas idéias.**

A maioria das pessoas tem apenas duas ou três habilidades.

Somente 7 a 10% conseguem usar a sua criatividade.

Quando as pessoas descobrem as quatro habilidades, elas concordam que **a falta de uma ou mais das quatro habilidades** é, por exemplo, uma das principais causas da maioria de as microempresas, no Brasil, fecharem com menos de dois anos de vida.

Você só pode ser um empreendedor se tiver as quatro habilidades ou se formar um grupo de pessoas que tenha as quatro habilidades, **para ser capaz de criar e implementar as novas idéias.**

> Essas quatro habilidades são importantes e podem ser aprendidas se você trabalhar junto às pessoas que têm as habilidades de que você tem carência.

Você agora conhece algumas das habilidades que precisa desenvolver para dirigir a sua empresa.

Desenvolvi a minha habilidade lógica trabalhando junto de uma pessoa que era superlógica e tinha um Q.I. de 130. Ela exercia o cargo de Superintendente.

Sempre que íamos receber a visita de um Diretor, os colegas preparavam os projetos que iriam apresentar e discutiam com ele o que iam dizer. Era muito comum os colegas se surpreenderem com as suas observações e dizerem: "Eu sou uma besta, como é que eu não vi isso antes?"

> **Cada uma dessas habilidades pode desenvolver outras habilidades.** Por exemplo: a habilidade criativa lhe permite perder o medo de errar, ter mais flexibilidade, ter mais persistência etc.

As quatro habilidades o ajudam a desenvolver as habilidades mais importantes para o seu desempenho.

Desenvolva as suas habilidades, trabalhando junto das pessoas que têm as habilidades que você não tem.

Ao desenvolver essas quatro habilidades você desenvolverá dezenas de outras habilidades.

2.2. Descubra que Habilidades Você Precisa Desenvolver!

Ser Lógico

As pessoas lógicas quantificam e relacionam tudo o que fazem. Mantêm as coisas funcionando e precisam estar certas todo o tempo. Gostam de ver para crer, e sua força são os fatos. Elas solucionam problemas.

Analisa-os usando a lógica e dividindo-os em suas partes principais e relacionam causa/efeito, problema/solução.

Elas gostam de números. Precisam tomar decisões certas, a cada instante. Quando se tornam executivas, são realizadoras e empreendedoras se forem criativas.

Ter Inteligência Emocional – Ser Sentimental

Se você tem a habilidade de ser sentimental, sabe que:

- Relaciona-se com facilidade/e se emociona.
- Inspira confiança e toma decisões ouvindo os outros. No trabalho consegue integrar as pessoas às metas da empresa e não é paternalista.
- Sabe ouvir e tem a confiança das pessoas.
- Dependendo do seu grau de habilidade, você percebe "o que não é dito", quando conversa com outras pessoas.

SER CRIATIVO

As pessoas criativas conseguem visualizar o que ainda não existe.

Descobrem oportunidades.

Têm uma visão global do problema. Geram idéias criativas.

Vêem o fim no início e algumas vezes sonham acordadas.

SER EMPREENDEDOR E ORGANIZADO

Planejam e projetam os detalhes. São práticas e voltadas para a ação.

Gostam de estar no controle.

O empreendedor é organizado e criativo. Constrói coisas e define ordens, normas e procedimentos.

Gosta de organizar e de trabalhar em tarefas estruturadas.

Faz perguntas: **Quem? Quando? O quê? Onde? Por quê? Como?**

Quando você se relaciona com as pessoas lógicas, é importante:

- Preparar-se com antecedência. Nunca improvisar.
- Saber que a sua abordagem tem que ser cautelosa.
- Mostrar que não acredita em acasos.
- Preparar planos de ação para todas as etapas. Definir papéis e responsabilidades e saber que sua apresentação tem que ser lógica, para ser aceita.
- Não usar argumentos emocionais.
- Demonstrar que cumprirá o que promete. Você tem palavra.

Quando você se relaciona com as pessoas sentimentais é importante:

- Considerar as necessidades humanas.
- Lembrar que existe "gente".
- Considerar que sua grande força é a capacidade de construir relacionamentos.
- Apresentar panoramas e cenários.

Quando você se relaciona com as pessoas criativas é importante:
- Visualizar o que deseja realizar.
- Sentir no corpo se a idéia é boa.
- Responder a uma pergunta fazendo outra pergunta: (Por quê?)

Quando você se relaciona com as pessoas empreendedoras é importante:
- Ser objetivo e breve.
- Conhecer as necessidades e os objetivos da tarefa.
- Dizer o que elas ganham e que recursos ela precisará para implementar a sua idéia.
- Discordar dos fatos e não da pessoa.
- Quando concordar, apoiar os fatos e a pessoa.
- Argumentar citando objetivos e resultados. Discutir realizações.
- Saber que é proibido conversa fiada no trabalho.

Algumas vezes as pessoas lógicas são consideradas:
- críticas, indecisas, desumanas, sem emoção, engenhosas, sérias, ordeiras, cautelosas e medrosas (não gostam de errar) e detalhistas.

Algumas vezes as pessoas sentimentais são consideradas:
- falantes, dignas de confiança. Algumas são paternalistas. Choram sem ter vergonha.

Algumas vezes as pessoas criativas são consideradas:
- malucas, sensíveis, egoístas, ambiciosas, estimulantes, indisciplinadas, manipuladoras, suscetíveis, independentes, sonhadoras, persistentes ou teimosas.

Algumas vezes as pessoas empreendedoras são consideradas:
- rolos compressores, grossas, dominadoras. São capazes de demitir 2.000 pessoas para "salvar a empresa", sem considerar sentimentos das pessoas.
- Tentam reduzir ao mínimo os erros e as perdas, custe o que custar.

Nós mostramos que em cada Habilidade a maioria das pessoas pode apresentar o seu lado negativo ou positivo em momentos diferentes. Por isso precisamos desenvolver nossas Habilidades.

Veremos que isso também acontece com as suas Forças Pessoais como: Persistência, Prudência, Otimismo.

Você é Criativo?

A criatividade é importante, mas não é suficiente.

Quando descobri as quatro habilidades, criei um questionário para as pessoas descobrirem suas habilidades e identificarem as habilidades que precisavam desenvolver. O questionário foi aplicado em mais de 2.000 pessoas, antes que fosse publicado no meu primeiro livro – *Aprendendo a Desaprender*. Neste levantamento observei que apenas 7% das pessoas eram criativas.

Sempre que realizo palestras eu solicito aos participantes que se consideram criativos (porque seus colegas e parentes dizem que eles são criativos), para levantarem a mão.

Em uma turma de 80 alunos universitários na PUC de Belo Horizonte, o espanto foi geral. Apenas seis pessoas levantaram a mão.

Você percebe por que não acredito que 25% das pessoas conseguem usar a sua criatividade? Creio que este número hoje no Brasil esteja em torno de 10%.

Quando as pessoas desenvolvem as quatro habilidades, elas desenvolvem dezenas de outras habilidades como GARRA e CORAGEM, que também são muito importantes.

2.3. Como Criar e Implementar Suas Idéias

2.3.1. Exercício 5: Os Índios

*"Num domingo, pela manhã, 100 crianças reuniram-se em uma escola, para prepararem uma surpresa comemorativa do Dia dos Pais. De repente, apareceram **cinco índios nus** e raptaram todas as crianças, às 10 horas da manhã. Eles queriam chamar a atenção do mundo para a vida miserável que levavam."*

> Imagine que você tem todas as notícias de que precisa e escreva uma história dizendo o que aconteceu e como aconteceu.
>
> Gaste apenas oito minutos.
>
> Procure fazer este exercício antes de continuar a leitura deste livro. Você descobrirá que é muito importante se conhecer.

Você fez o Exercício 5 (Os índios) sem saber que as suas quatro habilidades (1. Lógica; 2. Emocional; 3. Criativa; 4. Empreendedora), *escreveriam sua história do índio.*

- *Se você é muito lógico* – você quantifica e analisa os fatos e explica por que os índios escolheram aquela cidade. Diz quantas horas os índios ficaram com os garotos etc.
- *Se você é muito emocional* – você descreve como os pais, as crianças e a comunidade sentiram o que aconteceu. Quem chorou etc.

- *Se você é muito criativo* – é possível que você diga que no dia seguinte os índios devolveram as crianças, porque elas eram muito levadas e eles não agüentaram tomar conta delas.
- *Se você é um empreendedor* – você sugere a mudança que precisa acontecer na vida dos índios. E diz o que o governo precisa fazer para melhorar a vida deles.

Quando faço esse exercício do índio nos meus cursos, a maioria dos participantes já fez o questionário das quatro habilidades e cada um conhece as suas habilidades bem desenvolvidas e as habilidades das quais têm carência.

Se um participante ainda não fez o questionário e começa a ler sua história, o grupo se diverte dizendo que ele é forte na habilidade X, e tem dificuldade em tal habilidade. O participante não entende como o grupo consegue saber que ele é, por exemplo, empreendedor e pouco emocional. Ao fazer o teste do índio:

> O grupo descobre que o que VÊ, SENTE e FAZ é determinado pelas suas Habilidades.

O que as pessoas perdem quando não desenvolvem suas Habilidades.

O que as pessoas ganham quando desenvolvem suas Habilidades.

Desenvolva novas Habilidades.

O seu talento não era ninguém até que "se casou" com a CORAGEM, a CRIATIVIDADE, a GARRA, a INICIATIVA e a PERSEVERANÇA.

Boa parte da comunicação entre as pessoas é invisível. A Mente Inconsciente do seu interlocutor percebe como uma ameaça ou rejeição se você fala uma coisa e seu corpo diz outra.

É como se você dissesse a alguém: "Apareça lá em casa" e seu corpo estar dizendo "espero que não vá".

Para que pessoas de hábitos mentais diferentes aprendam a trabalhar juntas, é muito importante aprender a adiar o julgamento *quando ouvir uma afirmação, por exemplo, de um participante de sua equipe.*

Existem três motivos para você adiar o julgamento das idéias nas suas reuniões de equipes:

1. As pessoas reunidas têm especializações diferentes, e o sistema empresa tem propriedades que as partes não possuem.

    As pessoas terão dificuldade para falar dos seus conhecimentos especializados. *Terão que explicar o significado de suas palavras para seus colegas.*

    A maioria dos problemas é sistêmica e os participantes precisam de um tempo trabalhando juntos, até perceberem o relacionamento entre as partes e como podem buscar, juntos, uma nova visão global.

2. Muitas idéias surgirão confusas no inconsciente dos participantes. Será fácil julgá-las precipitadamente. A maioria das idéias iniciais é considerada "tola".
3. A experiência do outro é diferente da minha.

   Se você e seus colegas "esquisitos", de habilidades diferentes, agüentarem uma reunião semanal de duas horas durante dois meses, ficarão surpresos com as idéias que conseguem criar. Perceberão que essas idéias surgiram porque todos participaram.

Você aprenderá novas habilidades, e terá facilidade em ter intuição e empatia também com seus clientes.

Na nova administração, a intuição e a empatia andam juntas, para descobrirem as necessidades dos clientes.

Quem usou o primeiro garfo há 500 anos não sabia que necessitava de um garfo.

As grandes empresas colocam jovens, para projetar carros para pessoas jovens. Esses jovens deverão ter o conhecimento do projeto, mas deverão ouvir os clientes e exercitar empatia para *descobrir o que o cliente não diz, porque ainda não sabe do que necessita.*

**Você gostará daquele cara cauteloso,
que nunca escolheria para trabalhar junto.**

Os seus clientes gostarão de você.

Ao valorizar e sentir as percepções das outras pessoas, modificamos nossos modelos de pensar e criamos novas percepções. Muitos fatos antigos e ressentimentos ganham nova percepção.

Para você se conhecer mais e definir o que quer fazer, fiz uma síntese das oito inteligências de Howard Gardner.

Combinei oito inteligências com algumas profissões.

Leia, assinalando o que quer realizar e também refletindo sobre os momentos de sua vida em que fez algo de que gostava. Observe que nessas situações o tempo passava sem você perceber.

Você poderá fazer mais o que gosta ao usar suas Habilidades e Inteligências especiais nas profissões que vier a ter.

2.4. As Oito Inteligências, Profissões e o Fazer Necessários

1. EMOCIONAL

HABILIDADES

- Gosto de trabalhar em grupo.
- Sei lidar com crianças.
- Sou honesto.
- Tomo decisões ouvindo as pessoas.
- Tenho jeito com as pessoas mais idosas.
- Tenho um ou mais amigos íntimos.
- Percebo meus sentimentos e os sentimentos das outras pessoas.

PROFISSÕES

Posso ser preparado para Vendas, Enfermagem, Ciências Sociais, Psicologia, Pedagogia, Serviço Social, Relações Públicas, Rádio, Sociologia, TV e...

2. INTUITIVA

HABILIDADES

- Tenho um segredo ou um lugar especial para ir.
- Tenho uma boa auto-estima.
- Sou persistente.
- Gero idéias criativas.
- Sinto que estou certo, mesmo não sabendo a razão.
- Utilizo metáforas para criar e me comunicar.
- Visualizo o que quero.

PROFISSÕES

- Posso trabalhar em lugares que precisam inovar ou como Pesquisador (completo-me com as pessoas que têm a inteligência que me falta), Arquitetura (lógica e espacial), Chef de restaurantes (completo-me com as pessoas que têm inteligência corporal e espacial), Química, Jornalismo (junto com lingüística e lógica), Rádio, TV e...

3. ESPACIAL

HABILIDADES

- Divirto-me vendo fotografias na TV e no cinema.
- Vejo imagens, quando fecho os olhos.
- Imagino formas no espaço.
- Esquematizo minhas idéias com desenhos e modelos.
- Tenho memória fotográfica.
- Lembro-me facilmente da fisionomia das pessoas.

PROFISSÕES

- Posso trabalhar em lugares que exijam memória fotográfica: Artes Cênicas, Arquitetura, Artes Plásticas, Cinema e Vídeos, Decoração (junto com intuição), Aviação, Astronomia e...

4. CORPORAL

HABILIDADES

- Gosto de esportes e de montar coisas.
- Pratico jogos usando o corpo.
- Gosto de montar máquinas.
- Gosto de fazer tudo que envolve o corpo.
- Gosto de fazer coisas com as mãos.

PROFISSÕES

- Posso trabalhar como Médico operando máquinas de ultra-som, que exigem inteligência corporal, espacial e musical, Médico-cirurgião, Piloto de corrida, esportes, Terapeuta Ocupacional, Professor de Educação Física, Fisioterapeuta, Mágico, Dançarino.

5. MUSICAL

HABILIDADES

- Gosto de ouvir música, cantar.
- Já toquei um instrumento.
- Sei que um fundo musical ajuda a aprender.
- Cantei algumas canções.
- Faço música até batendo em panelas.
- Sei usar a música para as pessoas aprenderem; ajudo as escolas a usarem música para aprender e...

PROFISSÕES

- Posso ser um Médico Anestesista, um Músico, Compositor, Instrumentista, Cantor.

6. NATUREZA

HABILIDADES

- Gosto de olhar e sentir a natureza.
- Revigoro-me quando estou junto da natureza.
- O mar e a árvore, tudo é tão belo que me trazem *lágrimas aos olhos*.
- Faço viagens ao campo.
- Gosto de bichos das fazendas.

PROFISSÕES

- Posso trabalhar em Biologia, Agricultura, Meio Ambiente, Agronomia, Geografia, Turismo, Zootecnia, Veterinária, Geologia, Oceanografia, Engenharia Naval e...

7. LÓGICA

HABILIDADES

- Tenho habilidade com números.
- Analiso as causas e os efeitos.
- Gosto de calcular e questionar.
- Quantifico o que penso e faço.
- Gosto de estar certo todo o tempo.
- Qualquer coisa relacionada com números é muito simples para mim.

PROFISSÕES

- Posso trabalhar em Nutrição, junto com Biblioteconomia, Ciências Contábeis, Economia (junto com Intuição), Matemática, Engenharia Civil, Elétrica e...

8. LINGÜÍSTICA

HABILIDADES

- Gosto de ler e escrever.
- Conto histórias.
- Participo de debates.
- Redijo textos com facilidade.
- Falo três línguas.
- Tenho o dom da palavra.

PROFISSÕES

- Posso trabalhar em Direito (com Intuição e Emocional), Relações Internacionais, Rádio e TV, Jornalismo, Pedagogia, Magistério, Letras, Vendas, posso ser um Político e...

Observação: As inteligências 7 e 8 são as inteligências medidas no teste de Q.I. e, até pouco tempo, eram as únicas trabalhadas nas escolas.

Conhecendo as oito inteligências, você pode descobrir algumas das suas habilidades e desenvolvê-las.

Para concluir, observamos que quando as pessoas desconhecem suas HABILIDADES e adquirem conhecimentos na universidade, sabe o que acontece?

Apenas 35% dos alunos matriculados nas universidades concluem o Curso.

Se você descobrir que tem duas Inteligências, duas Habilidades e duas Forças Pessoais, pode e deve buscar o conhecimento profissional em que usará essas Habilidades.

Por exemplo: se alguém fez balé e se relaciona bem com as pessoas (tem Inteligência Interpessoal) é muito provável que seja um bom Fisioterapeuta.

2.5. Hábitos Mentais que Precisamos Desenvolver desde o Ensino Fundamental

Apresentamos muitas sugestões para o leitor se tornar um empreendedor.

Hoje, o empreendedor é muito valorizado, porque ele descobre oportunidades e cria o futuro.

O mar e a árvore são tão belos que lhe trazem lágrimas aos olhos.

Gosto de sentir a natureza.

Precisamos descobrir os hábitos mentais, que normalmente só aprendemos no doutorado e nas melhores escolas do mundo,

para ensiná-los desde o Ensino Fundamental.

Alguns desses hábitos são os seguintes:

1. Aprender conhecimentos informais práticos.
2. Aprender a usar o tempo que a sua Mente Inconsciente precisa para solucionar um problema.
3. Voltando a ser intuitivo.
4. Aprender a pensar sistemicamente.
5. Aprenda a descobrir as idéias-mães (será apresentado no Capítulo 4).

Vejamos cada um deles mais detalhadamente.

HÁBITO 1. APRENDER CONHECIMENTOS INFORMAIS PRÁTICOS.

Apresentado no Capítulo 1.

HÁBITO 2. APRENDER A USAR O TEMPO QUE A SUA MENTE INCONSCIENTE PRECISA PARA SOLUCIONAR UM PROBLEMA.

Muitas pessoas pensam que não são intuitivas porque não têm *insight*.

O *insight* mais lembrado é o de Arquimedes, o matemático grego que viveu em 300 anos a.C. e que recebeu uma incumbência do rei para verificar se a sua coroa era de ouro puro ou falsificada.

As pessoas só recordam o momento em que Arquimedes estava tomando banho na banheira, e saiu correndo nu, pela rua, gritando: "Eureka! Eureka!" (Achei! Achei!)

A maioria das pessoas não sabe como funciona a Mente Inconsciente. Elas ignoram que Arquimedes e as pessoas que têm *insights* investiram num grande esforço prévio. Gastaram alguns dias tentando descobrir a solução para o seu problema. E um dia surgiu o *insight*, mas elas sentiam que estavam perto da solução.

Após tentativas e erros, percebem que criaram algo que não conheciam. Se o que criaram já era conhecido por outras pessoas, não criaram, mas aprenderam descobrindo.

O processo de aprender descobrindo é igual ao processo de criar. A sua intuição começa a ajudá-lo quando você faz algo que gosta.

HÁBITO 3. VOLTANDO A SER INTUITIVO.

Quando você gosta do que faz, o processo de descobrir deixa de ser um esforço e se torna prazeroso.

Ninguém precisa ensiná-lo a ser mais intuitivo.

Pergunte a você mesmo o que quer realizar e escreva em poucas palavras o que deseja.

O "insight" é quase sempre precedido de um grande esforço.

Para usar a sua intuição, você tem que fazer o que gosta e ter um objetivo.

Eu acredito que a maioria das pessoas não precisa ser Ph.D. para Aprender a Aprender e voltar a usar a sua intuição.

A maioria das soluções criativas não chega pronta em um único *insight*. As pessoas criativas geralmente são mais persistentes.

Elas sabem que as idéias surgem como as pedras de uma grande construção: uma de cada vez, "sem cair na sua cabeça".

> *"Os olhos vêem aquilo que procuram, e eles procuram aquilo que já está na mente."*
>
> **Henry Thoreau**

HÁBITO 4. APRENDER A PENSAR SISTEMICAMENTE.

O seu corpo é um sistema. É constituído de muitas partes que se interconectam. Cada parte, como um coração, tem uma função especial, embora cada uma influencie a outra.

O "ser humano", como um todo, é capaz de fazer coisas que nenhuma das partes consegue fazer isoladamente.

O sistema "ser humano" pode ser feliz.

Algumas pessoas acreditam que os problemas não têm solução. Não aprenderam a solucionar problemas sistêmicos. Limitam-se a criticar e a julgar.

As pessoas trabalham num mundo que exige intuição, iniciativa, competição e colaboração.

Num sistema, as causas e os efeitos muitas vezes estão distantes fisicamente. E, às vezes, acontecem meses depois e muitas causas são invisíveis.

Um exemplo de diversas causas distantes e invisíveis, em um problema sistêmico, é o efeito ecológico da deterioração da camada de ozônio, em parte devido às milhares de latinhas de *sprays*.

O que você deixa de fazer hoje pode ter uma conseqüência daqui a muitos anos. Se você não fizer o seguro de aposentadoria ao começar a trabalhar, poderá não conseguir uma boa aposentadoria no futuro.

Aprender a pensar sistemicamente é um hábito muito importante para o seu desenvolvimento. Este hábito pode e deve ser ensinado desde o Ensino Fundamental, principalmente nos programas de alfabetização de adultos.

Para conhecer um sistema, você tem que descobrir as propriedades e funções especiais dele e saber que nenhuma das suas partes possui essas funções.

O desempenho do sistema depende mais de como suas partes interagem do que como elas atuam separadamente. O desempenho de uma empresa não é explicado descrevendo ou melhorando suas partes, mas entendendo suas funções na sociedade. Para melhorarmos uma empresa, não basta desenvolvermos o seu departamento de produção.

O olho, quando retirado do corpo, não pode ver. Mesmo no corpo, o olho não veria sem o cérebro.

Ministrei um Curso de Criatividade para jornalistas de uma TV. Durante o curso comentei que muitos jornalistas fazem reportagens acentuando a parte negativa, e que elas levavam desesperança para muitas pessoas.

Salientei que na minha percepção isso ocorre devido a três motivos:

1. As habilidades das pessoas, e não apenas os fatos e o conhecimento, determinam o que as pessoas vêem.

2. A maioria dos problemas é sistêmica e complexa. Quando o jornalista faz uma reportagem sem ouvir a opinião de outras pessoas, a probabilidade de errar é muito grande.

Desta maneira os leitores ficam sem esperança e acreditam que a maioria dos problemas não tem solução.

Quando os jornalistas me ouviram dizer que não eram os fatos que criavam a desesperança e sim os jornalistas, a metade do grupo queria me "jogar pela janela". A outra metade ficou do meu lado e "fechou a janela".

Os que não gostaram disseram que quando você mostra os fatos que cheiram mal, não tem jeito de dizer que aquilo lembra doce.

No outro grupo estava o superintendente que se aproximou do meu ouvido e cochichou bem baixinho: "Maury você me deu uma pérola". E acrescentou: "Todo ano eu mandava os mesmos repórteres ao Festival de Inverno de Ouro Preto e nunca entendi por que as reportagens, de cada ano, eram muito parecidas. Este ano, vou enviar uma equipe diferente e já sei o que vai acontecer. Obrigado".

3. Quando você não sabe analisar um problema sistêmico, passa a criticar as pessoas, encharca-se de emoções negativas e culpa as pessoas que não conseguem solucioná-lo.

Você não consegue agir apresentando soluções porque *se limita a reagir ao problema*. No seu íntimo você se valoriza, acreditando que é muito inteligente porque sabe criticar os erros.

Se você conseguisse se afastar da discussão do problema e ver o problema a uma certa distância, as suas emoções negativas ficariam fracas e você ficaria alegre ao ver outros pontos de vista num sistema maior.

Einstein se dissociava do que queria resolver. Ele se afastava do problema e se via montado num raio de luz viajando pelo universo. Ele percebia novas conexões mais importantes do que o problema que estava estudando.

Ao se distanciar do problema e sabendo que o objetivo de toda emoção é a ação, você conseguirá agir com mais informações.

Desta vez você será guiado por emoções positivas, como a alegria, em vez de ficar dizendo repetidamente que determinadas pessoas são incompetentes e desonestas.

O trabalho em grupo não é apenas um fim para gerar projetos e trabalhos inovadores, mas é, também, um meio para desenvolver pessoas.

> Contudo, o mais importante do trabalho de grupo é que ele produz uma mudança de comportamento em todos os participantes, desenvolvendo suas habilidades pessoais.
>
> Com o tempo, a pessoa tímida deixa de ser tímida.
>
> Quem gera idéias ensina a criar e aprende a implementar a idéia com alguém do grupo. O aprendizado acontece no decorrer do tempo, sem as pessoas perceberem. Esse aprendizado tem que começar desde o Ensino Fundamental.

Nos Estados Unidos, oito estados, recentemente aprovaram em lei ensinar nas escolas, às crianças do Ensino Fundamental, como serem empreendedoras.

O atual Presidente do Banco Central americano, ao se aposentar, pretende seguir o mesmo caminho. Ele ensinará Economia às crianças do Ensino Fundamental.

Muitas profissões de hoje deixarão de existir, mas se você desenvolveu, por exemplo, as suas inteligências corporal, espacial e musical, pode trabalhar em uma profissão que acabou de ser inventada que usa essas Habilidades. Basta aprender o novo conhecimento, se você já tem as Habilidades que precisará.

Você pode visualizar o que quer conseguir daqui a dois a cinco anos, e sentir o sucesso hoje.

Sentirá prazer com as suas ações de hoje orientadas para conseguir o que quer.

Até nos empregos provisórios,

**é importante ter alguns momentos
fazendo o que gosta.**

Os Oito Elefantes do Circo

Os *insights* fazem-nos lembrar de oito elefantes de um circo, que ficavam presos por uma cordinha de barbante, amarrados pelos pés, a uma argola fixada num poste.

Qualquer garoto podia arrebentar a cordinha. As pessoas que passavam não entendiam "a burrice" dos elefantes. Um palhaço do circo estava por ali divertindo as crianças e explicava o que estava acontecendo e ria para elas.

Ele dizia que a explicação era fácil. Quando os elefantes eram pequenos, ficavam amarrados em um poste por uma corrente metálica muito forte, presa nos seus pés pela argola. Os elefantes lutaram muitos dias para se livrarem das amarras e não conseguiram. Um dia eles pararam de tentar.

Agora eles não tentam porque acreditam que não podem.

Se não desenvolvermos a nossa intuição, repetiremos o que fizemos na última vez.

Muitas pessoas foram condicionadas a serem menos do que podem SER.

Não sei dizer em que situação precisamos mais desaprender para criar. Na crise ou no sucesso? Prefiro dizer que:

É muito importante aprender a desaprender, tanto na crise como no sucesso.

O CICLO DO DESENVOLVIMENTO PESSOAL

No mundo atual, o trabalho não existe para todas as pessoas, mas quem estiver trabalhando tem maior possibilidade de estar fazendo o que gosta, caso continue se desenvolvendo e aprendendo permanentemente.

Aqui é oportuno citar o filósofo Sócrates, que fazia as pessoas pensarem – Quem sou eu? Por que existo? Hoje também temos de nos conhecer para descobrir nossas habilidades e criar um produto que satisfaça as necessidades não atendidas.

Na nova escola, você precisará percorrer este ciclo diversas vezes na vida:

SER → FAZER → TER → **SER MAIS**

SER — Preciso conhecer e desenvolver meus talentos e minhas crenças.
↓
 • Desenvolvo meus talentos e minhas crenças.
 • Conheço meus momentos mais criativos.

FAZER — Faço o que gosto.
↓
 • Desenvolvo a minha intuição e as minhas habilidades e inteligências.

TER — Tenho uma boa auto-estima.
↓
 • Soluciono os problemas do dia-a-dia.

SER MAIS — Uso minha intuição.
 • Crio o meu futuro.
↓
Sou mais feliz.

Procure ajuda nas áreas humanas. Faça minicursos dessas áreas.

"Conhece-te a ti mesmo." (Sócrates)

**Em toda a sua vida, você precisará:
aprender a aprender para desaprender.**

Todas as pessoas têm um poder infinito dentro de si.

Até o ano 2010, serão inventados 70% das profissões mais importantes. O conhecimento dobrará a cada mês. Na área médica, já existem hoje mais de 90 especialidades. A Oftalmologia tem 17 especialidades.

É importante saber que as profissões, hoje, mudam em cada fase de nossa vida. Se você estiver com 20 anos de idade, terá interesses diferentes das pessoas com 30, 40, 50 e 80 anos. Mas procure fazer sempre o que gosta.

"Não abandone seus desejos. Quando eles partem, você pode continuar existindo, porém deixou de viver."

Mark Twain

"Os líderes não nascem líderes. Eles se fazem, e são feitos com esforço e trabalho árduo."

Vince Lombardi – técnico do Green Bay Packers

Observe os esportistas de sucesso.

Todos têm:
- Uma meta e uma paixão.
- Chamam seu erros de treino.
- Combinam mente, corpo e ação.

"Sabem que erram 100% das jogadas que não tentam."

"Escolha uma área para você dominar o conhecimento."

No Capítulo 1, Exercício 1, solicitamos a você que definisse três objetivos que quer realizar, e pedimos para observar como é sua realidade hoje. Pedimos, também, para você pensar como educaria seus cinco filhos de seis anos de idade: Madre Teresa, Bill Gates, Ayrton Senna, Picasso e a Princesa Diana.

Neste momento você já percebeu que estávamos convidando a sua intuição a descobrir suas habilidades especiais e imaginar algumas ações para realizar seu três objetivos.

Neste Capítulo 2, estudamos as quatro Habilidades, as oito Inteligências e como ter uma visão sistêmica.

Nós sabemos que realizar um objetivo ou criar um projeto nunca é criar a partir do nada. É sempre transformar o que é.

Alguns leitores devem ter começado a se conhecer um pouco mais.

Cada ser humano é especial porque não existe uma pessoa igual a outra.

O Rei Alexandre, da Macedônia, que conquistou meio mundo, dizia que os homens enfrentam duas tragédias: "A *primeira* é você não conseguir o que quer. A *segunda* é conseguir o que quer".

Agora, você deve ter mais informações sobre sua realidade atual. Você sabe mais o que consegue fazer hoje e percebe melhor que a sua realidade pode ser diferente do que acreditava SER.

É muito importante querer realizar seus sonhos definindo três objetivos. Mas não basta dizer o que queremos. Precisamos nos conhecer, para usarmos melhor nossos talentos especiais.

As idéias que apresentarei a seguir visam ajudá-lo a descobrir o que quer fazer, redefinindo seus três objetivos. Esta é a sua oportunidade para fazer as coisas do dia-a-dia tendo uma meta orientando-o. *Você é responsável pela sua vida.*

Você precisa definir o que lhe traz satisfação. Comece com coisas que o divertem. Tente refletir sobre os momentos em sua vida nos quais você estava fazendo algo que realmente gostava e se envolvia totalmente. *Você precisa definir desejos e objetivos.*

2.5.1. Exercício 6: Criando o seu Próprio Futuro – Redefinindo os Três Objetivos

Responda as três perguntas do Exercício 6 a seguir.

1. Que habilidades pessoais eu tenho?
2. Como desenvolverei as minhas Habilidades e Inteligências?
3. Que novos conceitos de negócio posso oferecer usando as minhas habilidades? O que preciso fazer?

Algumas empresas conduzem seu planejamento estratégico contando histórias para seus funcionários entenderem melhor o que elas querem realizar.

Na sua história, responda as perguntas apresentadas a seguir:

- Quem são as pessoas envolvidas nesse objetivo?
- Quais são os meus pontos fortes e os recursos de que disponho?
- Quando percebi essa necessidade?
- Quem pode me ajudar?

Ao definir cada objetivo, utilize as perguntas para contar histórias dizendo por que você precisa realizar seu objetivo.

As suas histórias ajudarão sua intuição a se comunicar com a intuição das pessoas para realizar seus objetivos.

Elas tornam explícito o conhecimento implícito que estava arquivado na sua memória, mas que era invisível.

Ao descobrir as ações para realizar seus objetivos, você terá seus *insights*. Algumas pessoas têm suas idéias tomando banho. Se gritar "Eureka!", aproveite.

Conclusão:

NÃO BASTA ACREDITAR SÓ EM VOCÊ.
A Intuição é acreditar que Deus está dentro de você.

Repita esse Exercício 6 quantas vezes forem necessárias. Peça a ajuda de amigos para descobrir suas habilidades para fazer mais o que gosta.

E faça um favor a você. *Não deixe de tentar!*

Exercícios para desenvolver as quatro habilidades.

Aprenda a trabalhar em equipes, ou junto de outras pessoas que tenham as habilidades que precisa. Você desenvolverá suas habilidades, assimilando os talentos de outras pessoas, sem saber como aprendeu.

Você entenderá que *"Precisamos dos outros para sermos realmente nós mesmos"*. (Carl Jung)

**"De onde menos se espera
é que não acontece NADA."**

Você tem que saber querer.

Apresentarei agora algumas sugestões para você desenvolver as quatro habilidades, mas, antes, são necessárias algumas observações.

1. APRENDA A TRABALHAR EM EQUIPE

As pessoas são tão diferentes nos seus gestos, medos, alegrias, nas maneiras de pensar e decidir que, se fosse possível, elas só escolheriam a companhia de pessoas iguais.

Na maioria das vezes, as pessoas *de hábitos mentais diferentes* não têm a iniciativa de trabalhar juntas.

Por exemplo, um técnico com as habilidades lógica e empreendedora prefere ter ao seu lado um supervisor com as mesmas habilidades – *(lógico) cauteloso, crítico; (empreendedor) grosso e dominador.*

Eles evitam trabalhar com pessoas: teimosas, malucas e que falam, falam.

> Ao trabalhar com as pessoas que têm as habilidades que você precisa, você aprende e se desenvolve.

A partir da aplicação e da divulgação do questionário, ou do conhecimento das quatro habilidades em diversos cursos, muitos gerentes perceberam que, para formar um "time", não bastava ter uma equipe apenas de pessoas com conhecimento do seu trabalho.

Começaram então a usar o nosso assessoramento para formar grupos capazes de manter o departamento não só *funcionando*, como também *gerando* e *implementando* novas idéias permanentemente.

Muitas vezes, quando o departamento não tinha o supervisor com as habilidades necessárias, buscavam um funcionário de nível hierárquico menor ou traziam alguém de outro setor.

Este modo de formar equipes é, sem dúvida, mais eficiente do que gastar dezenas de horas de treinamento.

2. SUA EQUIPE DEVE SER FORMADA POR PESSOAS CAPAZES DE CRIAR E IMPLEMENTAR SUAS IDÉIAS.

> *"O guerreiro inteligente procura o efeito da energia combinada e não exige muito dos indivíduos. Leva em conta o talento de cada um e utiliza cada homem de acordo com sua capacidade."*
>
> **Sun Tzu**

3. A MELHOR MANEIRA DE NOS DESENVOLVERMOS É NO PRÓPRIO TRABALHO. APRENDER É PRATICAR.

4. O APRENDER A TRABALHAR EM EQUIPE DEVE SER APRENDIDO.

Elas percebem que as outras pessoas também precisam de seus conhecimentos, inteligências e habilidades e que, juntas, são mais eficientes.

Quando formamos equipes de pessoas que se completam, no começo o desempenho do trabalho piora. Mas, em seguida, elas adquirem novos hábitos. A maior parte da comunicação acontece de mente inconsciente para mente inconsciente.

As pessoas se desenvolvem sem perceber como estão mudando. E começam a gostar das pessoas que têm as habilidades de que precisam.

O desenvolvimento acontece quando os participantes do grupo desenvolvem as quatro habilidades.

2.6. Exercício 7: Desenvolva a Sua Habilidade Lógica

Selecione os procedimentos que praticará nos próximos dois meses:

1. Aplique análise e lógica em tudo que fizer de importante.
2. Compare os resultados dos objetivos da semana passada com os dessa semana.

3. Quantifique os seus projetos importantes. Expresse-os em números.

4. Resuma em poucas palavras os seus objetivos para hoje. Gaste dois minutos.

5. Planeje o que precisa fazer amanhã, baseado naquilo que sabe.

6. Estude e analise as coisas que "não consegue fazer".

7. Analise a sua posição financeira dessa semana, do mês e de um ano atrás até hoje.

8. Faça um plano para um projeto importante.

9. Avalie o que você faz, elimine as idéias estranhas.

10. Selecione dez tarefas prioritárias para executar.

2.7. Exercício 8: Desenvolva a Sua Habilidade Empreendedora

Selecione os procedimentos que praticará nos próximos dois meses:

1. Relacione as atividades prioritárias dessa semana e coloque-as em ordem de importância.

2. Sintetize suas idéias em uma folha.

3. Identifique alguma coisa que vem adiando e aja.

4. Crie normas e rotinas para proteger uma idéia nova que está sendo implementada.

5. Organize alguns dos seus hábitos. Use agenda e *checklist*. Tenha um lugar para guardar chaves.

6. Organize suas mesa, gavetas e bolsa. Utilize pelo menos 30 minutos por semana para essa tarefa.

7. Adquira novas habilidades gerenciando o seu tempo.

8. Desenvolva atividades em equipe, reunindo pessoas que, juntas, têm todas as habilidades principais de pensar.
9. Chegue na hora certa alguns dias da semana.
10. Faça cursos ou leia livros sobre organização, planejamento estratégico e gerência de projetos.
11. Construa um modelo de algo importante. Mostre a seqüência. Observe a função de cada parte.
12. Escreva artigos.

2.8. Exercício 9: Desenvolva a Sua Habilidade de Inteligência Emocional

Selecione os procedimentos que praticará nos próximos dois meses:

1. Perceba o biorritmo prazeroso do seu corpo.
2. Algumas vezes por semana gaste dez minutos para perceber seus "sentimentos".
3. Aproxime-se de uma pessoa que você ama e revele seus sentimentos a ela.
4. Faça cursos, oficinas de integração, biodança etc.
5. Coloque o seu telefone no ouvido esquerdo, quando quiser uma audição empática.
6. Participe de grupos, cursos para casais, educação de filhos e campanhas comunitárias.
7. Descubra alguma coisa sobre o seu desenvolvimento espiritual.
8. Discuta os problemas ouvindo as pessoas envolvidas ou interessadas no assunto.
9. Chore sem ter sentimento de vergonha ou culpa.
10. Explore a textura e a cor de uma sala que você sempre usa, mas nunca nota.

Resumindo:

Os seis exercícios apresentados neste Capítulo 2 foram criados para comunicar as seguintes conclusões:

- **Exercício 4:** Um questionário que pode melhorar a sua vida.

É importante você conhecer e desenvolver as suas habilidades, trabalhando em equipe. Ao trabalhar em equipe a sua empresa inova permanentemente. Você é capaz de criar e implementar suas idéias.

- **Exercício 5:** Ao fazer este exercício sobre os índios você percebe que:

As suas habilidades e inteligências determinam o que você VÊ, PENSA, SENTE e consegue FAZER.

- **Exercício 6:** Você cria o seu próprio futuro.

O que nós vemos depende de nossa evolução como pessoa.

Você redefine seus três objetivos.

- **Exercício 7:** Desenvolva a sua Habilidade Lógica

Você deverá desenvolver sua lógica para que ela trabalhe junto com sua Intuição, adiando o julgamento.

- **Exercício 8:** Desenvolva sua Habilidade Empreendedora.
Desenvolva suas Habilidades trabalhando com pessoas que têm a habilidade que você precisa.

- **Exercício 9:** Desenvolva sua Inteligência emocional
É possível aprender a administrar suas emoções negativas e SER mais feliz.

POR QUÊ?
- Você aprenderá a perguntar sem saber a resposta.
Aprenderá os sinais de sua Intuição.

QUEM?
- Todas as pessoas podem desenvolver as suas habilidades especiais.
Precisamos desenvolver hábitos mentais que só se aprende no doutorado.

1. Aprender alguns conhecimentos informais.
2. Aprender descobrindo, fazendo o que gosta.
3. Aprender a descobrir problemas é mais importante e mais difícil do que solucionar um problema.

Uma boa parte da comunicação entre as pessoas é invisível.

O seu corpo fala o que não é dito e você pode aprender a perceber o que não é dito pelas pessoas.

O SER → FAZER → TER → SER MAIS será diferente em cada idade.

Não existe só uma verdade em percepção.

QUANDO?
- Quando as pessoas desenvolvem as quatro Habilidades, elas desenvolvem suas Forças Pessoais como: garra, saber trabalhar em

equipe, ter iniciativa, vencer a timidez, ser persistente, gostar de gente, paixão/entusiasmo, esperança/otimismo, prudência, gosto pela aprendizagem, liderança, amar e aceitar ser amado, integridade/autenticidade, espiritualidade.

COMO?

- Ao trabalhar em equipe você cria e implementa suas idéias e se desenvolve. Aprende a ouvir o que os outros têm para dizer e não o que você quer ouvir.
- Desenvolva suas cinco maiores Forças Pessoais.

"O teste final de inteligência não é o quanto sabemos fazer, mas como nos comportamos quando não sabemos o que fazer."

John Holt

QUANTO?

- As suas Habilidades, Inteligências, Forças Pessoais e não apenas o conhecimento, elas determinam o que você VÊ, SENTE e FAZ.

Capítulo 3:
COMO SERÁ A REVOLUÇÃO DA EDUCAÇÃO

3.1. PRECISAMOS SER MAIS HUMANOS ANTES DE QUERER TER MAIS
    3.1.1. O CONHECIMENTO NÃO MUDA AS PESSOAS
    3.1.2. APRENDA A PERGUNTAR

3.2. SEMPRE TEMOS QUE APRENDER PARA DESAPRENDERMOS NOSSOS ERROS
    3.2.1. É IMPOSSÍVEL REINVENTAR O ALUNO?
    3.2.2. A 1ª HISTÓRIA
    3.2.3. AS 2ª e 3ª HISTÓRIAS

3.3. O SILÊNCIO COMUNICA

3.4. IDÉIAS PARA VOCÊ PENSAR
    3.4.1. EXERCÍCIO 10: QUATRO ANIMAIS
    3.4.2. ENTREVISTA COM TRÊS PROFESSORES DA ÁREA HUMANA
    3.4.3. EXERCÍCIO 11: EPZT/UNDT/APCTO
    3.4.4. EXERCÍCIO 12: DESCOBRIR O QUE QUER FAZER USANDO A SUA INTUIÇÃO

3.5. A NOVA EDUCAÇÃO DEVERÁ AJUDÁ-LO EM CADA ETAPA DE SUA VIDA

Resumimos algumas idéias já apresentadas nos Capítulos 1 e 2, para esclarecer melhor a necessidade de os alunos e professores de tecnologia receberem ajuda das Áreas Humanas.

Você não VÊ as coisas como elas são...

↓

As HABILIDADES, e não apenas os fatos e o conhecimento, determinam o que você VÊ, SENTE e FAZ.

↓ ↓

O que nós sabemos é um obstáculo maior do que o que não sabemos. As pessoas só vêem o que estão preparadas para VER.	Aprenda a buscar dentro de você. Pergunte à sua intuição o que precisa SABER e FAZER. O mais cedo posssível!

↓ ↓

Você pode e precisa entender mais aquelas pessoas:
- cautelosas e medrosas (lógicas);
- indisciplinadas e independentes (criativas);
- que falam, falam, falam e choram (sentimentais);
- que são um rolo compressor (empreendedoras).

Quando você acredita em você percebe melhor o outro e aprende com as outras pessoas. Ao desenvolver algumas HABILIDADES, você desenvolve outras habilidades. Ao SER mais Criativo:
- é mais persistente;
- tem iniciativa.

A experiência do outro VÊ coisas que você não VÊ.

Você precisa aprender a trabalhar em equipe para criar e implementar suas idéias.

> Quando seus desejos partem, você deixa de viver.
> Você tentará realizar seus três objetivos?

Como as pessoas podem aprender só conhecimentos tecnológicos se elas *não sabem*:

1. **Quais são seus talentos especiais.**

    A maioria das pessoas trabalha para ganhar dinheiro. Adquirir bens. Essas pessoas passam pela vida sem saber o que gostam de FAZER.

    A área humana de Filosofia acredita que ajuda as pessoas a serem mais felizes. Qual é a sua opinião?

2. **Que são Intuitivas.**

    Você fez o Exercício 2 (Qual é?) da Madre Teresa?

    Você não poderá aprender usando apenas a sua lógica.

3. **Como Aprender a Aprender.**

    Você terá que aprender toda a vida. O seu aprender pode ser uma alegria quando usar mais a sua Intuição.

4. **Como melhorar o seu relacionamento com as pessoas.**

    Você tem que aprender a perceber a necessidade das pessoas. O que você vê pode ser completamente diferente do que outras pessoas vêem.

5. **Que é dando que se recebe.**

    A maioria das pessoas vê primeiro as habilidades negativas das outras pessoas. Elas não sabem o que a outra pessoa sente e percebe como está sendo vista e lhe dá o troco descobrindo suas habilidades negativas.

3.1. Precisamos Ser Mais Humanos Antes de Querer Ter

Imagine a condição dos escravos, em uma longa história de exclusão, sem acesso a uma melhor condição de vida. Ou, então, as culturas pré-letradas sem contar com os recursos de tecnologias mais avançadas: nós, os "civilizados", imersos em *high tech*, somos mais felizes?

Ainda temos que lutar diariamente contra o imprevisível e o sofrimento para conquistar a nossa felicidade?

Todos os dias um índio acorda sabendo que, para sobreviver, enfrenta muitos problemas perante os quais tem que decidir, inclusive, sobre necessidades básicas como ser predador ou presa, entre **Comer ou ser Comido**.

E hoje? Somos mais humanos?

Veja algumas opiniões:

Prezados Professores,

"Sou sobrevivente de um campo de concentração. Meus olhos viram o que nenhum homem deveria ver: câmaras de gás construídas por engenheiros formados, crianças envenenadas por médicos diplomados, recém-nascidos mortos por enfermeiras treinadas, mulheres e bebês fuzilados e queimados por graduados em colégios e universidades. Assim, tenho minhas dúvidas a respeito da Educação.

Meu pedido é este: ajudem seus alunos a tornarem-se humanos. Seus esforços nunca deverão produzir monstros treinados.

Aprender a ler, a escrever, aprender aritmética só são importantes quando servem para fazer nossos jovens mais humanos".

Dr. Haim Ginot
(escreveu livros para crianças)

O psiquiatra e educador Augusto Cury nos diz em seu livro *Treinando a Emoção para ser Feliz*:

"Uma pesquisa que tenho realizado entre diversos tipos de profissionais tem revelado um alto índice de sintomas psíquicos e psicossomáticos. Em alguns profissionais tenho encontrado uma média de sete sintomas, tais como irritabilidade, déficit de concentração, cefaléia (dor de cabeça), fadiga, excessiva opressão no peito, alteração do sono e hiperprodução de pensamentos".

As áreas tecnológicas sabem que as universidades de hoje precisam:

- ensinar maior quantidade de conhecimento tecnológico, gastando mais horas-aula ensinando novas tecnologias. Os professores dizem que a quantidade de conhecimento é cada vez maior.

As áreas humanas sabem que as universidades de hoje precisam:

- ensinar os alunos e professores de tecnologia a serem mais humanos antes de querer ter. Um dia esses conhecimentos serão ensinados desde o Ensino Fundamental.

3.1.1. O Conhecimento Não Muda as Pessoas

Os professores dizem que numa turma de 50 alunos não é possível ministrar todo o programa se *tiverem que OUVIR e saber o que cada aluno pensa e sente*.

Alguns professores não conhecem todas as necessidades da nova geração de jovens. Muitos professores ensinam do jeito que aprenderam.

Quando realizo palestras em universidades, normalmente as pessoas se sentam ao lado das mesmas pessoas com as quais estão acostumadas a se sentar.

Depois de 40 minutos de palestra faço um exercício:

- 90% dos participantes dizem que *não são Intuitivos*.
- Apenas 10% acreditam que *são Intuitivos*.

Eu solicito aos participantes que formem subgrupos de três pessoas, cada um sentando perto de pessoas com as quais não estava acostumado a se sentar.

Eles conversam 10 minutos sobre 11 perguntas que estão relacionadas as suas necessidades. Por exemplo:

- 70% das profissões mais importantes de hoje, daqui a 10 anos serão substituídas por profissões que ainda não existem.
- Como os alunos e professores vão se preparar para as profissões que ainda não existem?
- Precisarão Aprender a Aprender?

Depois de 10 minutos, eu interrompo a conversa e faço uma Meditação para aproximar as pessoas de sua Intuição.

Em seguida, solicito a cada participante que diga às outras duas pessoas uma habilidade positiva que percebeu em cada uma delas.

Após essa vivência, retomo a palestra, percebendo que a expressão corporal das pessoas mudou. Elas estão alegres. Elas viveram sentimentos positivos ao saberem que duas habilidades suas foram percebidas.

Neste momento, eu esclareço que esta experiência foi criada para desfazer a sua Crença – "Eu não sou INTUITIVO".

Todos vocês agora sabem que são Intuitivos.

Mesmo que a sua Mente Lógica saiba que 93% da comunicação acontecem através do corpo (movimento dos olhos, postura corporal, tom da voz), a sua lógica não consegue perceber as habilidades positivas das pessoas.

Vocês usaram a sua Intuição para ver as habilidades positivas das outras pessoas, sem saberem que a estavam usando.

Nunca mais digam que não são Intuitivos.

Quando você CRÊ que é Intuitivo, consegue criar e melhorar o que faz.

Eu nasci Intuitivo.

Eu gosto do que faço.

Se eu não tivesse solicitado que elas vissem a parte boa das outras pessoas, a maioria delas teria visto primeiro as habilidades negativas do colega ao lado. Elas não teriam tempo de ver a parte positiva do outro.

As primeiras impressões que cada um teve podem perdurar por anos se não tiverem uma nova oportunidade de serem percebidas.

A Intuição dessas pessoas não saberia dizer como e por que errou. Um ano depois as pessoas serão capazes de dizer por que não gostaram de fulano.

É importante **saber chegar às pessoas!**

Quando você tem esta habilidade, as pessoas acreditam que foram elas que o escolheram para trabalhar na sua empresa. Elas não sabem que foi você "quem disse" que elas precisavam das suas habilidades. *Você determina como será tratado?*

> **Aprenda a chegar às pessoas! Perceba as qualidades e necessidades delas.**

Depois dessa observação, eu digo que hoje os bons entrevistadores descobrem, nos primeiros quatro minutos de entrevista, se o entrevistado tem ou não as habilidades que a empresa exige. Depois de quatro minutos, o entrevistador faz perguntas apenas para confirmar se o que ele percebeu é verdade.

A intuição do entrevistador consegue percebê-lo, e o entrevistado não sabe por que ele não se interessou muito pelo seu currículo mostrando o conhecimento e não sabe por que foi rejeitado.

Você desenvolverá sua Inteligência Interpessoal.

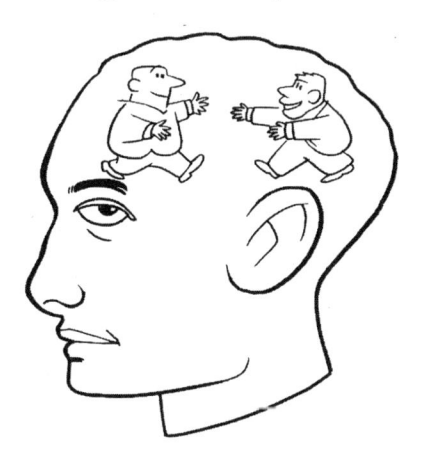

A sua Intuição aparecerá sem errar, sempre que precisar.

O nosso trabalho para desenvolver pessoas não é de terapia. Ajudamos as pessoas a se conhecerem; a desenvolverem suas habilidades, inteligências, intuição; a aprenderem a aprender e a administrar suas emoções.

Atendi no meu escritório, individualmente, um profissional com dois cursos de mestrado. Quando lhe perguntei por que ele estava ali, ele me apresentou o principal motivo: "Eu trabalho em uma multinacional e, nas minhas reuniões com mais de cinco pessoas, entro em pânico e tenho dificuldade de apresentar minhas idéias".

A sua criatividade era muito baixa, mas em três meses ele reaprendeu a usar sua intuição e descobriu como trabalhar em equipe, inovando para sua empresa.

> **O exemplo anteriormente mencionado mostra que a maneira como se aprende hoje o conhecimento nas escolas e universidades não muda as pessoas.**

Os empresários já conhecem essa verdade quando selecionam as pessoas para sua empresa.

> No nosso século, a tecnologia se desenvolveu com grande ímpeto, mas regredimos em conhecimento humano.
>
> **Formamos muitas pessoas "desumanas" em todas as áreas de tecnologia.** As pessoas têm mais conhecimento e mais amor dentro de si?

As Áreas Humanas estão preparadas para ajudar todas as pessoas, mas elas não transmitem seu conhecimento nas escolas e universidades porque estão separadas das áreas de tecnologia. Elas só atendem as pessoas nos seus escritórios quando *as pessoas não sabem mais o que fazer*.

Os profissionais da Área de Educação podiam fazer um trabalho de educação preventivo, desenvolvendo as pessoas e tornando-as mais humanas na sua profissão.

Você aprenderá a administrar suas emoções para a sua Intuição aparecer sem errar.

> **Na terceira vez que criar algo, você será mais persistente e terá mais iniciativa.**

A Educação ainda não mudou porque as pessoas sabem que em cada ano escolar concluído elas têm possibilidade de aumentar o seu salário em 10 a 15%.

Solicitei ao Executivo Alan Kardec Pinto, que é Gerente Geral de Equipamentos e Serviços da Petrobras, Presidente da Associação Brasileira de Manutenção com Curso sobre Gestão Estratégica de manutenção na Suécia e Planejamento Estratégico pela FGV, que escrevesse um artigo, na visão do empresário, **sobre o que os profissionais do futuro precisam aprender o mais cedo possível?**

Nós nos tornamos amigos trabalhando juntos muitos anos e sei que será um prazer vocês conhecerem o Alan. Ele tem um grande conhecimento técnico, mas eu acredito que o seu sucesso como executivo e escritor de oito livros se deve mais as suas habilidades, seus valores e suas crenças.

Para você me entender melhor, darei um exemplo. Quando o Alan, hoje, coordena equipes, o seu inconsciente lhe diz o que fazer porque ele aprendeu a trabalhar em grupo e a gostar de gente. Ele não precisa planejar como vai dirigir a reunião, como fazia no passado. Ele descobre o que precisa fazer ao olhar e conversar com as pessoas.

Para ser mais claro, essa sua Habilidade e dezenas de outras se desenvolveram do mesmo jeito que nós desenvolvemos quando aprendemos a dirigir um carro. Primeiro erramos ao trocar as marchas, até que um dia fazemos todas as manobras no momento certo sem pararmos para pensar **o que vamos fazer.**

O executivo Alan Kardec dispõe de muitas outras habilidades, que hoje somente profissionais das Áreas Humanas sabem ensinar as pessoas a desenvolvê-las.

Vejamos alguns detalhes das considerações do Alan Kardec:

- **O que os executivos do futuro precisam aprender, o mais rápido possível?**

Poderia tentar começar a responder esta pergunta com uma outra questão:

- *Por que os melhores alunos que saem das universidades muitas vezes não se tornam, também, os melhores profissionais e executivos?*

A principal resposta, para mim, está na percepção de que embora o **conhecimento tecnológico** seja imprescindível, o que garante o sucesso, pessoal e empresarial, é a **qualidade da gestão.**

Infelizmente, esta questão ainda não é bem compreendida nas nossas universidades e, por conseqüência, elas ainda têm se dedicado, com muito mais prioridade, ao conhecimento tecnológico.

Constatamos, também, que a grande maioria das empresas ainda não tem na excelência da gestão o seu fator crítico de sucesso. Em lado oposto estão as empresas referenciais em resultados que, além de um profundo conhecimento tecnológico, têm na qualidade da gestão de seus gerentes e supervisores o grande diferencial competitivo.

Tudo isso, também, pode ser extrapolado para as pessoas, já que podemos denominar, cada pessoa, de uma empresa individual. A competitividade empresarial e a empregabilidade das pessoas andam de mãos dadas.

Mas, afinal, o que é qualidade da gestão?

A gestão está focada na busca de resultados empresariais que visam atender aos diversos públicos de interesse: Clientes, Acionistas, Força de Trabalho e Sociedade.

Quando falamos em resultados empresariais estamos apontando para resultados balanceados, que passam pela perspectiva **financeira**, pela perspectiva de **mercado**, pela perspectiva dos **processos internos** e pela perspectiva de **inovação/crescimento**.

Nenhuma empresa ou executivo terão sucesso se não estiverem focados nestas quatro perspectivas.

A qualidade da gestão tem como princípio básico a gestão de processos. E a gestão de processos nada mais é do que o acompanhamento estatístico sistemático e persistente das diversas fases do processo, tendo como referenciais os *benchmarks*, objetivando buscar a excelência. Este é o caminho das empresas e das pessoas de "classe mundial".

Organizações e pessoas que pensam e agem em gestão de processos têm um grande diferencial competitivo.

Todavia, não basta conhecer estes conceitos e as ferramentas de gestão; é preciso vivê-los, acreditar, estar nos ossos e sobretudo praticá-los. Para isso são necessárias três características fundamentais:

- Liderança;
- Conhecimento;
- Metodologia.

Cortar custos ou introduzir melhores práticas de trabalho é necessário mas, obviamente, não são suficientes. Excelência neste novo século significa capacidade de mobilização interna e de parceiros para aproveitar todas as oportunidades, alto grau de criatividade, controle das informações do negócio, um bom sistema de indicadores atualizados, automação dos processos, melhor utilização do tempo das pessoas, retenção e motivação dos talentos, responsabilidade social, reconhecimento e recompensa para os colaboradores e parceiros e, sobretudo, foco no que agrega valor para a empresa e, conseqüentemente, para o CLIENTE.

Voltando à pergunta inicial:

- Estamos discutindo tudo isso em nossas universidades?
- Estamos aprendendo a aprender toda esta complexidade que é o mundo atual?

Deixo a resposta com o próprio leitor.

Todavia, não tenho qualquer dúvida em afirmar: o conhecimento tecnológico que foi e continua importante, é imprescindível, mas **O QUE GARANTE O SUCESSO EMPRESARIAL E PESSOAL É A QUALIDADE DA GESTÃO**.

Essas considerações do Alan nos mostram que o planejamento estratégico das empresas só acontece se soubermos administrar a Gestão de Processos.

Na gestão do processo as pessoas terão que trabalhar em grupos e a sua especialização será uma parte a ser sinergizada com os outros especialistas. Você deverá criar: as informações do negócio, ... e recriar a empresa. Precisará usar habilidades que nunca você desenvolveu.

O aluno sente que a universidade não desenvolve suas habilidades ao aprender o conhecimento já pronto e apenas ouvindo. Ele sente que não saberá usá-lo.

3.1.2. Aprenda a Perguntar

Sabe quem é a pessoa à qual você pode e deve fazer as suas perguntas mais importantes? Mais adiante responderemos.

Nilton Bonder é engenheiro, rabino e um notável escritor.

Em um dos seus livros ele conta a história do rabino muito conhecido pela sua sabedoria. Para não deixar a sua lógica repetir o que ele já sabia, ele fechava os olhos quando alguém lhe fazia uma pergunta em reunião.

Um dia alguém percebeu que vivia muito ansioso. Não sabia responder a uma simples pergunta sobre a sua vida. Ele dizia: "Gostaria de saber, eu não sei nada".

Essa pessoa estava tão ansiosa que, de repente, decidiu deixar tudo de lado. Resolveu que precisava encontrar o rabino sábio. Viajou mais de seis meses até encontrar a residência do religioso.

Lá chegando foi recebido pelo rabino *Hali,* que lhe informou que o rabino que ele procurava estava ali, na sala ao lado. Informou também que poderia conversar o tempo que precisasse.

Após quatro minutos de conversa, o viajante voltou em prantos.

Hali perguntou o que tinha acontecido.

O viajante respondeu que não entendeu o que tinha acontecido.

"Eu lhe fiz apenas uma pergunta e recebi um tapa muito forte no rosto, dizendo-me que eu podia ir embora. Não entendi, ele é maluco!"

O *Hali* sorriu e disse: "Ele gostou de você! Ele acredita que a sua pergunta é muito boa e que, se você encontrar uma boa resposta, corre o risco de parar de perguntar e será infeliz. O tapa foi para lhe dizer que você tem uma boa pergunta e que a sua pergunta lhe ajuda mais do que ter boas respostas.

Ele acredita que o *saber perguntar* conduz à sabedoria".

> As respostas são a má sorte das perguntas?
>
> A resposta "fecha" seus pensamentos porque mostra apenas uma verdade. Você pensa que já sabe e pára de procurar outras verdades.

A pergunta "abre" seus pensamentos. Ela o convida a ver o que ainda não sabe.

A criança sabe perguntar.

3.2. SEMPRE TEMOS QUE APRENDER PARA DESAPRENDERMOS NOSSOS ERROS

Aprendi que:

> Só conseguimos desaprender quando aprendemos algo novo vivendo uma experiência. E é importante termos certeza que conseguiremos utilizar o que aprendemos.
>
> Quando isso acontece, somos capazes de dizer que **o que fazíamos estava errado**. Somente neste momento desaprendemos o que fazíamos e **somos capazes de rir dos nossos erros do passado**.

Nós sabemos que não repetiremos mais os erros, porque aprendemos uma maneira melhor. Passamos a defender veementemente as "novas e grandes verdades".

> Para ajudar as pessoas a serem mais Intuitivas, persistentes e terem dezenas de habilidades, não basta lhes dizer *COMO FAZER*. Por isso, dissemos que você precisa ler esse livro fazendo os nossos exercícios para viver uma nova experiência. **Você aprende algo novo e em seguida desaprende algo que sabia.**

Para ser admitido na Petrobras, apresentei o meu currículo com um curso de Engenheiro Químico. Nenhum gerente quis saber que habilidades eu tinha.

Fiz mais um curso de Engenharia de Refinação da Petrobras e depois estudei Psicologia.

Eu era o único engenheiro em todas as faculdades de Psicologia em Belo Horizonte.

Para completar meus conhecimentos nas Áreas Humanas, submeti-me a análise durante cinco anos.

Eu aprendi psicologia para descobrir como ensinar as pessoas a serem criativas.

Se as empresas de hoje só admitem pessoas que têm as habilidades de que elas precisam, o que você vai fazer? Outro Mestrado?

As pessoas serão capazes de se desenvolver ao aprender determinados hábitos mentais. Não basta SABER como fazer. É preciso aprender fazendo.

ADULTOS E ANALFABETOS – A REALIDADE DESTES EXCLUÍDOS

Se um adulto analfabeto aprende a ler, ele chora de alegria e fica um mês vivendo de sonhos. De repente ele *vê que só SERÁ ALGUÉM se continuar estudando. Aí ele pára de sorrir. Percebe que não tem recursos para continuar estudando até concluir um curso universitário.*

O trabalho com os adultos recém-alfabetizados precisa da ajuda de algumas áreas humanas. *Eles desenvolveram uma baixa auto-estima.*

> Os adultos alfabetizados acreditam que não têm nada dentro de si. Não sabem que sua intuição lhe permitirá aprender mais rápido para criar o seu futuro.

Teriam que ser ajudados movimentando o corpo, usando música e arte para eles perceberem mais rapidamente que são intuitivos.

Nós mostramos que, ao aprenderem a ler e a escrever, as crianças deixam de usar a sua Intuição. Do mesmo jeito, os adultos recém-alfabetizados podem ser prejudicados na sua intuição, porque passam a usar mais a sua lógica.

Em todos os países, diz-se que a Educação tem que mudar.

3.2.1. É Possível Reinventar o Aluno?

ARTE-EDUCAÇÃO

Apresento, a seguir, um resumo da minha visão da disciplina que chamamos de Arte-Educação. Ainda não consegui reunir pareceres de especialistas nesta área.

Há 25 anos, eu li num livro que um empresário bem-sucedido de uma grande empresa estava na sua sala e viu pela janela uma pessoa andando com uma postura corporal ereta, o pescoço altivo, a cabeça erguida, um sorriso nos lábios e os olhos fitavam o horizonte.

Ele chamou sua secretária e pediu: "Traga na minha sala aquele homem que acabou de passar. Eu quero conhecê-lo".

Os dois personagens de nossa história ficaram amigos e o empresário ganhou um bom gerente.

Nesse tempo não se falava em Arte-Educação, mas o empresário sabia que um corpo sadio pode comandar e até mesmo transformar um cérebro.

Hoje, alguns profissionais ensinam Arte-Educação para crianças e adultos carentes em organizações não-governamentais e em favelas.

Alguns profissionais da Área de Educação acreditam que as palavras são responsáveis por apenas 7% da Comunicação. Os outros 93% passam através do corpo:

- 38% pela tonalidade da voz; e
- 55% pela postura corporal.

Eles alfabetizam e ensinam uma educação escolar usando uma forma de treinamento tão variada que mais de uma delas serve para as pessoas que estão ingressando na universidade.

> As pessoas praticam esportes, aprendem a ouvir, tocam música, fazem teatro... **e movimentam o corpo desenvolvendo o cérebro**.
>
> *Se você assistir na televisão a trabalhos coordenados por estes profissionais de Arte-Educação, você nunca mais esquece a alegria e a grande auto-estima dos alunos ao aprender.*

Poucos favelados chegam à universidade, mas alguns, quando conseguem se formar em curso superior, voltam para serem professores nas ONGs. A presença deles como instrutores sinaliza aos alunos que um dia eles poderão freqüentar um curso universitário.

O artigo *CÉREBRO*, de Margot Cardoso, de 12 páginas, publicado na revista VENCER de setembro de 2003, mostra que:

> *"Os treinamentos proporcionados pelos profissionais da área Arte-Educação ajudam as pessoas a serem um excelente cozinheiro, um administrador, um presidente, um coletor de lixo. As qualidades de excelência são as mesmas: foco, criatividade, perseverança, disciplina, flexibilidade, sentimentos, capacidade de planejar..."*

E, como se não bastasse, o exercício físico apresenta benefícios para o cérebro, provocando sensações de prazer e relaxamento. Há comprovações científicas. Eugênio, da revista acima, cita uma pesquisa feita nos Estados Unidos que dividiu um time de basquete em três grupos de atletas.

O primeiro grupo treinou arremessos longos por 30 dias. O segundo não treinou nada e se ocupou de outras coisas. O terceiro não treinou na quadra, mas fez um trabalho de relaxamento, imaginando que estava fazendo arremessos de longa distância. Eles visualizavam acertando as jogadas (e eu penso que quando não acertavam eles "jogavam novamente" até sentirem o prazer de ter acertado). Você imagina qual foi o resultado?

O grupo que treinou mentalmente passou a apresentar um índice de acerto mais próximo do grupo que treinou na quadra do que do grupo que não treinou de nenhuma maneira.

> Se você não acredita no trabalho da educação através do corpo, faça um experiência. Quando estiver muito alegre comece a andar de cabeça baixa e ombros caídos. Em poucos minutos, sem saber por que, você estará desanimado, achando o mundo mau.

As pessoas podem e devem aprender a se sentar, a andar. E você? Não precisa?

Quando eu me aposentei da Petrobras, pretendia continuar a dar cursos em todos os estados do Brasil.

De repente fiquei com o lado direito do corpo paralisado.

O diagnóstico foi esclerose múltipla, sem cura.

Eu me apoiei em Deus e em exercícios semelhantes aos dos jogadores de basquete acima citados.

Sentado na cama, eu exercitava o corpo para os braços irem cada vez mais longe, perto dos pés. Em seguida, parava os exercícios de corpo, fechava os olhos, e me via movimentando os braços para irem cada vez mais longe.

Quando eu voltava a fazer os exercícios de corpo, meus braços chegavam mais perto dos pés. Os exercícios de visualização tinham ajudado meu cérebro a movimentar mais meu corpo. Eu terminava o exercício rindo.

Hoje, ando 4 km/dia durante 45 minutos.

As experiências de treinar o corpo para desenvolver a mente são mais conhecidas pela área de Arte-Educação, mas você pode desenvolver seu cérebro educando seus pensamentos e emoções para conseguir realizar seus projetos.

Muitos empresários dirigem uma empresa, mas não têm controle sobre seus pensamentos e emoções negativas.

Eles não aprenderam a se conhecer e amar as pessoas.

O professor Saturnino é catedrático de Didática e Inovação de uma universidade na Espanha.

O que mais gostei dos seus pensamentos escritos em seus livros foram quatro folhas sobre:

"O que mais aprendi dos meus erros".

Ele diz que "se refletíssemos mais sobre nossas falhas e erros docentes, melhoraríamos consideravelmente o ensino e diminuiríamos o fracasso. Confesso meus erros. Espero que com eles alguém aprenda fazendo um intercâmbio".

O primeiro erro que ele confessa como professor é:

Não é por falar muito que se ensina mais.

Eu, como muitos dos professores, pensava que quanto mais falava e mais me estendia nas explicações e considerações sobre a matéria, mais os alunos aprendiam.

Tenho muito respeito pelos professores. Sei que um dia modificarão sua maneira de ensinar e descobrirão coisas que não estou vendo hoje. Tenho certeza de que alguns dirão com bom humor que **conseguiram ver sua nova idéia quando fecharam os olhos.**

**O bom mestre erra permanentemente.
Ele é um eterno aprendiz.**

Contarei três experiências que vivi em minha vida e que aqui chamo de três histórias.

Ao ler as histórias, você contará com uma experiência muito forte para a sua vida e entenderá por que gostei do professor Saturnino.

3.2.2. A 1ª História

Aconteceu há dois anos.

Eu estava ministrando um curso de Intuição para seis pessoas com cursos de nível superior quando um dos participantes explicou algo de uma maneira muito prática e simples.

> *Depois da explicação, sem eu saber por que, a minha intuição pediu para outro participante repetir o que tinha sido dito. O aluno explicou e eu perguntei para a pessoa que trouxe a idéia se era isso que ela tinha dito. Ela respondeu: "Não".*
>
> *O grupo ficou surpreso e, então, pedi a outro participante para dizer o que ouviu. Novamente eu perguntei ao dono da idéia se era isso que ele tinha dito. Ele repetiu o mesmo "não".*
>
> *Para encurtar a história, repeti o processo até a 6ª pessoa e o resultado foi o mesmo. Pedi, então, a quem começou para explicar o que ele havia dito, o que fez em dois minutos.*
>
> *Oh! Disseram todos. Foi uma risada e uma surpresa geral. Acredito que nenhum dos participantes esquecerá essa experiência. Ela foi vivida com muita intensidade.*

Eu aproveitei o entusiasmo do grupo para apresentar a segunda e a terceira histórias na reunião seguinte.

Melhore a sua comunicação, parafraseie o que ouviu, usando as mesmas palavras. Depois, pergunte se foi isso que a pessoa falou.

3.2.3. As 2ª e 3ª Histórias

A 2ª História

Aconteceu há 20 anos.

> *Eu era gerente da Petrobras e coordenava uma reunião de trabalho, quando um engenheiro de outra divisão falou durante dez minutos.*
>
> *Depois que ele falou, dirigi-me a um colega de trabalho que tinha um poder de síntese extraordinário, e disse: "Fulano, você pode nos dizer o que acabamos de ouvir?" O colega intuiu o que eu queria, e resumiu a sua fala em dois minutos.*

Em seguida, eu me dirigi ao que falou dez minutos e perguntei se o que ele ouviu foi o que ele tinha dito.

Ele respondeu que sim. Ele não disse, mas deve ter pensado: "Eu só falei isto?"

A 3ª HISTÓRIA

Aconteceu há dois anos.

Sempre que realizo palestra, tenho o hábito de, ao final, entregar uma folha em branco para os participantes fazerem a sua avaliação. Peço para dizerem o que perceberam, o que sentiram, o que descobriram, o que pretendem utilizar e, ainda, para apresentarem suas sugestões para melhorar a apresentação.

Antes de os participantes escreverem, coloco uma música suave e conduzo um relaxamento de cinco minutos.

Um dia, tive a curiosidade de reler umas 300 avaliações, e relembrei o que já tinha percebido, mas não me dava conta.

Todas as avaliações eram diferentes. Não tinha uma avaliação igual a outra.

Confirmei o que já tinha descoberto:

A intuição das pessoas é infinita.
O silêncio também é uma forma de comunicar.
Aprenda a relaxar e fechar os olhos para ver.

Voltando ao Professor Saturnino, o *quarto erro* que ele analisou foi:

"O silêncio é um mundo para se explorar. O professor não gosta. Quando ele pára de falar e os alunos ficam em silêncio, ele tenta preencher o tempo rapidamente com palavras.

Eu pensava que o silêncio representava vazio de significado. Entretanto, percebo agora que **o silêncio é um cheio que é preciso explorar**".

Na semana seguinte fiz uma outra palestra, também para estudantes universitários, e como faltou tempo para a avaliação resolvi improvisar conversando com os participantes. Solicitei que alguém tivesse a iniciativa de avaliar verbalmente a palestra.

Imaginem o que aconteceu? Depois que o primeiro participante falou, os outros três disseram que o que perceberam era mais ou menos igual ao que o primeiro havia falado.

Agradeci e encerrei a palestra.

3.3. O Silêncio Comunica

Eu concluí que a mesma palestra pode ser percebida e avaliada de maneiras bem diferentes.

Quando aproximamos as pessoas da sua intuição, fazendo uma Meditação, elas vêem muito mais do que conseguem ver quando estão usando apenas a sua mente lógica. Elas fecham os olhos para ver e usam a sua Intuição.

É importante sabermos que:

"*O processo de buscar os fatos é mais importante do que os fatos. O observador muda o objeto observado*".

Por que o *Aprender a Contar Histórias* é importante até para fazer o plano estratégico de uma empresa?

Quando você se comunica contando HISTÓRIAS, você aproxima o pessoal da empresa de sua Mente Inconsciente e cada um comunica sua experiência através de sua Intuição, apresentando novas idéias.

Os exercícios de ler os *cartoons* pensando nos seus objetivos são semelhantes às Histórias. Elas também aproximam os leitores de sua experiência, trazendo idéias para seus objetivos.

Nas escolas e universidades, os alunos "aprendem" apenas ouvindo a explicação do professor.

Os jovens são como que enfileirados em turmas de 50 alunos e assistem às aulas sem poder falar. Ora, muitas pessoas só conseguem pensar falando.

E muitos alunos só conseguem entender o que o professor explicou quando a aula é "traduzida" por um aluno que entendeu a exposição do professor. Descubra se essa afirmação é verdadeira e por quê. Os alunos conhecem melhor seu colega?

Os moços não sabem o que ganharão com a aula e com o curso universitário. Em muitos casos, os alunos só se interessam pelo curso a partir do penúltimo ano.

As HISTÓRIAS são muito importantes para os alunos descobrirem o que querem realizar, ouvindo a sua experiência e a sua Intuição. Eles ouvem a sua intuição ao invés de dizerem "é mais ou menos isso o que o fulano já falou!"

Por que os professores não gostam de ficar em silêncio com seus alunos?

Acredito que uma das respostas é que os professores não foram preparados para ouvir seus alunos. Principalmente seus problemas pessoais. Entender, então, o aluno que diz: "Tenho dificuldade de apresentar minhas idéias num grupo" nem pensar.

Quando o Professor Saturnino fala dos seus erros, os alunos aprendem que podem errar para aprender.

Quando o aluno chega na universidade, ele não sabe como aprende e não conhece suas habilidades e talentos especiais.

O que mais exaspera o professor na universidade é não conseguir motivar seus alunos a quererem aprender para saberem buscar o SABER.

O professor deveria ajudar seus alunos a descobrirem o que gostam de FAZER?

O professor e os alunos precisam de um curso de formação em Humanas?

3.4. Idéias para Você Pensar

3.4.1. Exercício 10: Quatro Animais

Observe que os quatro animais são mamíferos, quadrúpedes terminados em i. É importante que você releia pronunciando em voz alta quatro vezes os nomes dos quatro animais mamíferos cujos nomes terminam em "i".

JAVALI – QUATI – SAGÜI – OCAPI

↓

JAVALI – QUATI – SAGÜI – OCAPI

↓

JAVALI – QUATI – SAGÜI – OCAPI

↓

JAVALI – QUATI – SAGÜI – OCAPI

Agora pense em um outro animal mamífero, quadrúpede, também terminado em **"i"**.

Utilize cinco minutos para responder a este problema.

Gostaria que você pensasse nos quatro animais como uma metáfora, que lhe mostrará como aprendemos e como funcionam as nossas Mente Lógica e Mente Inconsciente.

Imagine que cada animal significa uma informação que alguém está lhe transmitindo.

Depois que você recebe a informação **JAVALI**, a sua mente lógica é alertada: você está diante de uma verdade. Quando você usa a sua mente lógica, os seus sentidos são treinados para funcionar apenas como "uma janela".

Na maioria das vezes, você vê e analisa apenas o que uma *autoridade* lhe mostra. *Não desenvolve a sua mente, identificando e solucionando os problemas que precisam ser resolvidos.*

Estou utilizando a palavra *autoridade* para me referir às pessoas que têm competência em alguns assuntos, mas que usam muito a sua Mente Lógica e têm dificuldade de usar a sua Mente Inconsciente.

A *autoridade* pode ser um professor ensinando um aluno, um pai educando um filho, ou um chefe ou um empresário orientando seus funcionários etc.

A parte mais difícil da solução de um problema é identificá-lo e defini-lo.

Geralmente, a *autoridade* define o problema para você, dizendo o que é "JAVALI". Nós seguimos passivamente a orientação da *autoridade*, sem aprender.

Em seguida, a *autoridade* relembra as informações e conexões importantes para o problema e diz: "Pensem **QUATI**".

Mais adiante, ela nos faz ver **"SAGÜI e OCAPI". Nesse momento, a nossa Mente Lógica usa seus sentidos, acreditando que só existe o que a *autoridade* vê.**

Ela conclui mostrando a solução do problema, e não pensamos em outras soluções criativas. *Entendemos e memorizamos. Não aprendemos descobrindo e não sabemos* usar a mente inconsciente para criar. Não crescemos internamente.

Na maioria das vezes, o problema escolhido não foi criado pela *autoridade*. Quando isso acontece, ele também não aprende. O único que aprendeu foi "o professor da sua *autoridade*", que criou o problema.

Algumas vezes essa pessoa **levou anos** para descobrir algo que foi explicado à mente lógica da *autoridade e à sua mente lógica, em minutos.*

A resposta do Exercício 10 é o **BOI**, companheiro da vaca.

O aluno conhece o mundo através da experiência de um professor que também não descobriu a solução do problema. Na maioria das vezes esse professor copiou a solução de alguém. Você, como profissional, acredita que essa é a melhor maneira de aprendermos?

Ao pensar usando a lógica é importante saber que: A ordem de chegada das informações determina o que você vai ver, pensar e decidir.

O aluno e o professor acreditam que estão pensando. Contudo, estão pensando e fazendo o que foi determinado pela autoridade. *O aluno não aprende a pensar para criar.*

Todo ser humano pode e precisa aprender descobrindo para desenvolver o seu mundo interno e criar. Este processo é uma vivência e um aprender individual constante que se constrói e é infinito.

Essa vivência pode e deve ser desenvolvida desde o Ensino Fundamental.

Ninguém precisa me ensinar a aprender.

Eu uso a minha Intuição.

> Quando ouvir uma nova idéia de alguém dizendo JAVALI, livre-se do bloqueio de sua Mente Lógica seguindo a ordem de chegada da informação. Seja irreverente assim que ouvir QUATI.
>
> Pergunte à sua intuição: "Existem idéias melhores do que JAVALI e QUATI?" Se você só perguntar depois que receber a informação SAGÜI, será muito difícil sair do bloqueio.

Ao receber uma nova idéia, lembre-se de que **ela nasce e caminha fazendo associações**. Você receberá outras idéias relacionadas à primeira idéia. No Capítulo 1, sugerimos que você anotasse as idéias fora da ordem de apresentação, usando uma espinha de peixe.

Não deixe sua lógica julgá-las. Só depois de algum tempo, a sua lógica deve ser convidada a dizer se as idéias estão chegando "lá".

Se a lógica julgar a idéia cedo demais, ela acaba com a primeira idéia, e você deixa de ver as outras idéias. Você aprenderá o momento certo de julgar a sua Intuição.

Você aprenderá a cuidar das novas idéias geradas na sua Mente Inconsciente.

> Na maioria dos trabalhos criativos, as idéias finais são bem diferentes das primeiras. Mas são as primeiras idéias que permitem chegarmos às idéias finais.
>
> Não rejeite as suas idéias por mais idiotas que, num primeiro momento, pareçam ser.

Nos meus três livros, eu apresento dezenas de ferramentas de criatividade que denomino de hábitos mentais das pessoas criativas. Esses hábitos mentais aproximam as pessoas da sua Mente Inconsciente. Eles não deixam a sua Mente Lógica julgar a nova idéia antes de ela estar pronta para viver.

A nova idéia é tão delicada que ela pode ser morta por um sorriso de escárnio de um chefe, ou uma testa franzida de um amigo. A mãe que rasga ou joga fora os desenhos e os primeiros rabiscos de uma criança pode prejudicá-la.

Você entenderá melhor o processo criativo no dia que criar uma boa idéia e alguém lhe disser que você é criativo.

Quando criar a segunda idéia, você não precisará mais que as pessoas digam que você é criativo. Você já saberá em que momento a sua lógica deve julgar a sua idéia, e melhorá-la.

As universidades separam o conhecimento em disciplinas para organizar o conhecimento e facilitar a compreensão. Mas para criarmos o conhecimento, *nós fazemos novas conexões reunindo informações de áreas diferentes do conhecimento.*

Vejamos agora a história sobre a Flor Holandesa, para você ser mais criativo. Imagine que você criou um produto X de metal e quer vendê-lo, distribuindo em todos os países do mundo.

De repente, você lê numa revista que a Holanda importa flores do Equador, do Brasil e de outros países e as vende para a Califórnia, nos Estados Unidos.

É possível que você não se interesse pela notícia, porque o seu produto não é flor, e sim um metal.

Nós sabemos que SEMPRE há coisas da *"flor"* que servem para criar a *"não flor"*.

Você pode aprender com a Holanda como distribuir seu produto em todos os países do mundo.

Resumindo, você tem que saber que não se pode separar o conhecimento em disciplinas tecnológicas se quiser ser mais criativo.

"A" é "A", mas o que não é "A", você sabe que é "não A".

131

Pense um pouco mais nessa história. Ainda neste capítulo voltaremos a ela para você percebê-la de uma nova maneira.

3.4.2. Entrevista com Três Professores da Área Humana

Entrevistamos profissionais de três áreas humanas: uma Professora de Psicologia da FUMEC, uma Bióloga Vice-reitora da FUMEC que ensina na Área de Psicologia e um Psiquiatra terapeuta, e consultor de empresas que também realiza palestras.

Solicitei a cada um dos três profissionais que respondesse, resumidamente, a 13 questões:

Psiquiatria Prof. Frederico Porto Theodoro	Biologia Profª Rosália, da FUMEC	Psicologia Profª Maria Helena, da FUMEC
1. O que os profissionais da área tecnológica precisam aprender o mais cedo possível, para serem bem-sucedidos em sua profissão?		
	A tecnologia vem assumindo um papel cada vez mais relevante na vida moderna. Sem o homem para operá-la de maneira correta, não gera benefícios.	Ampliar o conceito de aprendizagem e de atuação da área de tecnologia, aceitando a supremacia do homem sobre a máquina.
2. Como ajudá-los a serem mais humanos?		
	Os cursos deveriam incluir, em seus currículos, disciplinas que sejam voltadas para o conhecimento do homem como um ser social, que deve usar a tecnologia para garantir o bem-estar e a melhoria da qualidade de vida.	Não focando o curso em apenas disciplinas tecnológicas. Questões como ética, política, sociologia devem ser também consideradas importantes na formação do profissional.

3. A Intuição é um "dom" especial de poucas pessoas, ou é possível desenvolver a Intuição de todas as pessoas?

Como todas as habilidades, a Intuição pode ser aprendida. Contudo, há pessoas que têm mais facilidade de desenvolvê-la.	Todas as pessoas possuem Intuição e esta capacidade de Intuição pode ser desenvolvida conforme a atuação de cada um.	Acho que é de todas as pessoas e que pode ser desenvolvida.

4. As escolas e universidades ensinam as pessoas Aprenderem a Aprender? Como Aprender para Inovar permanentemente?

Não, as escolas estimulam a decoreba. Inovação tem a ver com vencer os medos de ir contra o comum, contra o já habituado. Tem a ver com ser proativo.	Quase nunca. Estimulando a curiosidade e o espírito investigativo.	Não. O foco no geral é no conhecimento e nas habilidades técnicas.

5. Que habilidades e conhecimentos as pessoas precisam desenvolver para serem bons profissionais?

Precisam ter estratégia para implementar suas idéias. Precisam saber se relacionar e, acima de tudo, precisam saber onde querem chegar.	As habilidades e os conhecimentos técnicos necessários à profissão na qual irá atuar e, principalmente, desenvolver qualidades concernentes ao bom relacionamento com as pessoas inseridas no seu ambiente profissional de atuação.	Autoconhecimento, capacidade de relacionamento, visão do futuro, criatividade e auto-estima.

6. O que a sua área de atuação humana pode fazer para ajudar, o mais cedo possível, as pessoas a fazerem o que gostam e serem bem-sucedidas?

Na minha profissão o indivíduo procura quando está em sofrimento, sendo comum a falta de sentido na vida, onde podemos orientá-lo.	Dando-lhes condições para se conhecerem melhor (autoconhecimento) que lhes proporcionará melhores possibilidades de acerto nas escolhas.	Sensibilizá-las no sentido de valorizar o seu lado emocional e as relações interpessoais. Mostrar caminhos para o autoconhecimento.

7. Que áreas humanas você gostaria de trabalhar, sozinho ou em grupos multidisciplinares, para pensar e fazer avançar a Educação?

	Aquelas que levassem o indivíduo a pensar mais no aspecto social e que desenvolvessem o espírito crítico e investigativo.	A criatividade e o desenvolvimento de um pensamento crítico em relação aos padrões e exigências sociais.

8. Que coisas importantes de sua área você consegue lembrar para ajudar na formação humana dos profissionais de tecnologia?

As pessoas precisam aprender a controlar suas vidas, seu tempo, seu dinheiro e descobrir seus valores mais importantes. A tecnologia está sempre ligada às pessoas, pois ela nada mais é do que uma ferramenta. Portanto, um profissional de tecnologia que souber lidar com gente será um destaque em sua área.	O profissional de tecnologia deve ter incluído na sua formação conhecimentos que se referem à ética, à sociologia, à psicologia, ao desenvolvimento dos aspectos humanísticos.	Mostrar que a tecnologia serve para o bem-estar e qualidade de vida do homem.

9. Quando as pessoas não têm tempo de ver a parte positiva da outra pessoa, as primeiras impressões (a intuição) das duas pessoas erram?
E suas primeiras impressões negativas serão lembradas por muitos meses?

A primeira impressão é a que fica. Acredito que a intuição seja tanto para coisas negativas quanto para positivas. As negativas ficam mais tempo, por uma questão de sobrevivência, visto que em uma época remota, a má intenção do outro poderia custar a sua vida.	As primeiras impressões podem levar ao erro, mas nem sempre uma impressão negativa será lembrada por meses. A não ser que alguns traços dessa intuição se confirmem ao longo do tempo.	Acho que a Intuição é uma informação importante mas não única. Como esta nasce pela lógica do inconsciente deve ser complementada pelo dado de realidade do consciente. Impressões negativas e positivas serão lembradas desde que tenham tido algum significado em termos de aprendizado e mudança de comportamento.

10. Você acredita que as HABILIDADES e CRENÇAS das pessoas determinam o que cada pessoa VÊ, SENTE e FAZ? O que a sua área pode fazer para humanizar mais as pessoas?

Acredito que as crenças são os óculos através dos quais vemos o mundo. Se seu óculos é azul, você vai ver azul, se é amarelo verá amarelo. Sendo mais humano.	À medida que as habilidades são adquiridas, as pessoas se modificam e passam a ter uma percepção renovada em relação às suas crenças, o que determina, sim, o que vê, sente e faz. Ajudá-las a se conhecer melhor para que possam atuar positivamente no meio em que vivem.	Acredito que sim. Valores e Crenças modificam a percepção. Para humanizar mais as pessoas deveríamos melhorar as condições sociais do país e questionarmos a ótica selvagem do capitalismo.

11. Quanto maior o ritmo das mudanças mundiais, a previsão é de que a angústia, a depressão e os distúrbios mentais venham a aumentar assustadoramente?
O que a sua área pode fazer para reduzir esse sofrimento?

Esta é a minha área de atuação.	As mudanças interferem no comportamento das pessoas, porém indivíduos bem estruturados emocionalmente, que tenham boa auto-estima e se conheçam bem, são menos suscetíveis às pressões do meio.	Aumentar o autoconhecimento. A partir dele podemos questionar a realidade e escolher as "verdades" que queremos para nossa vida. O autoconhecimento e a auto-estima nos tornam menos emocionáveis à pressão externa.

12. O governo dos Estados Unidos criou uma lei para oito estados americanos ensinarem empreendedorismo às crianças do Ensino Fundamental. É possível descobrir algo na sua área que possa ser ensinado antes de as pessoas chegarem à universidade?

Sim. As pessoas precisam aprender a controlar suas vidas, seu tempo, seu dinheiro e descobrir seus valores mais importantes.	Sim. O conhecimento da sua realidade social e as possibilidades de atuar positivamente como agente de mudanças.	Sim. Desenvolver a autoconfiança e uma postura política mais participativa. A capacidade empreendedora não tem um aspecto apenas individual, mas também social.

13. Na sua área de experiência você acredita que os futuros profissionais deveriam saber:		
1. Quais são seus talentos especiais. 2. Que são Intuitivos. 3. Como Aprendem. 4. Como Aprendem a Aprender. 5. Como melhorar seu relacionamento com as pessoas. 6. Que é dando que recebemos. 7. Trabalhar em equipe. 8. Administrar suas emoções negativas. 9. Perguntar...		
Não, porque estas coisas que são as que realmente contam não são ensinadas nas escolas.	Sim – 1-3-4-5-7	Sim – 4-5-7 e Perguntar ... sempre por que não mudar!

Nas universidades, as disciplinas ligadas às Áreas Humanas, como *Psicologia, Sociologia, Filosofia, Administração, Educação Intuição, Design, Marketing, Arte-Educação, História, Ciência Política e Pedagogia* **estão separadas das disciplinas de tecnologia**.

Ao lermos as respostas apresentadas pelos três entrevistados fica muito evidente que todos os profissionais das áreas humanas dirão que é importante desenvolvermos a formação humana, as "HABILIDADES" dos professores e dos alunos, futuros profissionais e empresários de tecnologia.

Cada uma dessas disciplinas poderia criar um minicurso de Formação Humana para os professores e alunos de todas as áreas profissionais de tecnologia em todas as idades.

Cada disciplina poderia se perguntar:

> O que as pessoas de todas as "áreas de tecnologia" deveriam SABER e FAZER o mais cedo possível para desenvolver suas "HABILIDADES"?

> Os Cursos de Formação Humana desenvolveriam os futuros profisssionais para serem capazes de:

1. Aprender a Aprender.
2. Conhecer seus talentos especiais e querer realizar seus desejos fazendo mais o que gosta.
3. Recuperar a sua Intuição e desenvolvê-la.
4. Desenvolver suas Habilidades e Inteligências.
5. Aprender a administrar suas emoções negativas.
6. Conhecer suas limitações e formar equipes com pessoas que criam e desenvolvem suas Habilidades.
7. Acreditar em si mesmo.

O aluno e o professor seriam capazes de buscar dentro de si o que precisam. Eles se REINVENTARIAM permanentemente.

A maioria dos cursos de formação humana é vivencial e ajuda as pessoas a Aprender a Aprender o conhecimento de que elas precisam para exercerem sua profissão.

APRENDER A APRENDER
⬇
AS PESSOAS
APRENDEM DESCOBRINDO
Como uma criança – tentando e errando

VOCÊ APRENDE Quando	VOCÊ CRIA Quando
• O que você Aprende já era conhecido e... ⬇ • Você não criou mas aprendeu	• O que você aprende não é conhecido e... • Você criou

Só não existe o que não pode ser imaginado.

Imaginamos o que desejamos. Queremos o que imaginamos e **finalmente criamos o que queremos**.

Mas quando eu me perguntei por que nenhuma dessas disciplinas ainda não conseguiu realizar esse curso de formação humana, a minha intuição me disse que:

> Por mais notáveis que sejam os professores da área humana, **cada um sozinho** não conseguirá criar esse curso de formação humana que os alunos e professores das áreas de tecnologia precisam aprender, o mais cedo possível.

Sabe por que cheguei a essa conclusão?

No Capítulo 2 deste livro, ressaltei que as maiores Inovações dentro das empresas acontecem quando sabemos trabalhar em equipes multidisciplinares que criam e implementam novos projetos.

Cada um dos gerentes é competente em sua área, mas o que mais surpreendia o grupo era criar e implementar novas idéias em dois meses, transformando-os em projetos inovadores, em idéias que nenhuma das partes criaria sozinha.

Cada uma das partes de um grupo de sete pessoas sabia que o trabalho só foi realizado porque ela participou.

> Quando fiz essa reflexão, ficou claro para mim que a Revolução da Educação começará quando as universidades formarem dois grupos multidisciplinares com as 12 disciplinas que relacionei anteriormente para criarem cursos de formação humana.

Neste capítulo nós dissemos que:

- SEMPRE há coisas da "Flor" (Holandesa) que servem para criar a "Não-flor".

- A Holanda produz flores, compra flores e vende flores em diversos países do mundo.

Nós lembramos que um empresário usou este conhecimento para vender seus produtos em todo o mundo.

Voltamos a esse exemplo para dizer que uma pessoa criativa pode criar essa idéia sozinha. Mas os grupos multifuncionais (como os dois grupos multifuncionais das 12 áreas humanas), têm muita possibilidade de gerar idéias mais revolucionárias e em menos tempo conseguirão criar uma nova Educação em dois meses. Basta realizarem uma reunião semanal de duas horas. **A universidade que coordenar esse desafio será considerada a "007" da Nova Educação.**

Acredito que os cursos de formação humana devem ser ministrados:

- Primeiro nos cursos de pós-graduação.
- Em seguida no primeiro semestre de alguns cursos universitários.
- Depois no primeiro semestre de todos os cursos universitários.
- Finalmente, em todas as escolas.

Os cursos de formação humana começariam nos cursos de pós-graduação porque os alunos desses cursos já sabem mais o que querem. Será importante ouvir desses alunos mais adiantados sugestões de como esse curso deve ser ministrado aos colegas que vão começar o seu primeiro curso universitário.

O conhecimento que os grupos multifuncionais de professores deverão criar deverá ser menos teórico, e muito prático. *Será transmitido por exercícios vivenciais em sala e através da Internet.*

Com a ajuda da Internet, o professor teria tempo para ensinar aos alunos dentro de sala. Estes estudariam em grupos de seis a sete pessoas e o professor de tecnologia também se desenvolveria na área humana e seria capaz de ouvir e conhecer seus alunos.

Os alunos assistirão a aulas agradáveis, bem comunicativas e resumirão em poucas páginas o que entenderam e pensaram em cada aula.

Uma porcentagem do tempo do curso seria utilizada pelos professores das áreas humanas, realizando aulas vivenciais, ajudando os alunos a aprenderem.

Poderia ser criada uma disciplina sobre Intuição para ajudar os alunos a desenvolverem sua Intuição.

As outras disciplinas ajudariam os alunos a desenvolverem suas habilidades.

Um grupo de trabalho representando os grupos multifuncionais acompanharia o curso de pós-graduação e apresentaria sugestões para ajudar os professores de pós-graduação na apresentação de suas aulas superagradáveis na Internet. Os professores de arte, de marketing e outros professores comporiam o grupo para fazer isto acontecer.

Os grupos multifuncionais descobririam como esse curso seria ministrado no primeiro semestre de alguns cursos na universidade e identificariam o que precisa ser melhorado para ser apresentado aos professores de tecnologia.

O projeto de um Curso de Formação Humana será planejado pelas habilidades e conhecimentos de muitas Áreas Humanas ouvindo os professores de tecnologia.

Ao realizarem esse projeto, as universidades têm pouco a perder e muito a ganhar.

Depois que esse Curso de Formação Humana for ministrado nas universidades, *ele poderia ser aplicado em todas as escolas.*

O que as pessoas PERDEM quando ignoram suas HABILIDADES.

O que as pessoas GANHAM quando desenvolvem suas HABILIDADES.

3.4.3. Exercício 11: EPZT/UNDT/APCTO

Observe os três conjuntos de letras, abaixo:

EPZT

UNDT

APCTO

Você já deve ter percebido que todos os três conjuntos têm a letra **T**. Agora pegue uma folha de papel e tente, em cinco minutos, encontrar outras coisas em comum nesses três conjuntos.

Precisamos ter uma atitude de atenção permanente, para querer buscar novas percepções. *A percepção é um jeito de direcionar a nossa atenção, ao invés de deixar a atenção de outras pessoas nos controlar.*

Para aprender, criar e solucionar problemas, temos que aprender a fazer novas conexões.

O número de respostas deste Exercício 11 é infinito.

Veja alguns exemplos:

- Escrevi os três conjuntos com a mesma impressora.
- Quando você vê um conjunto, também vê os outros dois.
- Todos começam com vogal e são da mesma cor.
- Todos têm letras maiúsculas.
- Os três conjuntos foram colocados no livro, pela editora, por uma determinada pessoa e na mesma hora.
- Se fechar o livro, você não vê nenhum dos três conjuntos.
- Nenhum dos conjuntos tem números. Nenhum tem a letra V.
- Nenhum deles foi escrito em cor vermelha. E vai por aí... É infinito!

Esse exercício do EPZT/UNDT/APCTO mostra que o ato de escolher e organizar as milhares de informações para transformá-las em conhecimento é impossível de ser realizado sem usar a intuição.

Para você perceber COMO nossos exercícios aproximam você de sua intuição, escolha dois *cartoons* de qualquer capítulo, para relê-los. Proceda da seguinte maneira: coloque a sua mão em cima de um *cartoon* para tapar a visão dele e releia apenas os negritos que vêem antes e depois do mesmo. Veja o outro *cartoon* sem tapar a figura. Você deve ter observado que, quando lê as duas frases sem ver o *cartoon*, a sua compreensão é lógica e você só lembra de coisas que já sabe.

> Quando você lê o *cartoon* e as duas frases juntas, o *cartoon* funciona como uma metáfora. Você vê coisas de sua vida que ainda não tinha percebido.

Sem perceber, você recebe sugestões, para os três objetivos tratados nos Exercícios 1 e 6 (sempre que você estiver relaxado). Quando aplico esse exercício nos meus cursos ou palestras, coloco uma música barroca para ajudar as pessoas a se aproximarem do seu inconsciente. Algumas delas ficam perplexas e mostram a sua surpresa dizendo: "Puxa! Consegui ver uma mesma coisa de muitas maneiras diferentes".

Nos meus cursos, eu uso os meus três primeiros livros para as pessoas os relerem duas vezes, até que a intuição veja coisas que nunca viu. *Criatividade é você ver o que todo mundo viu e de repente ver coisas que ninguém viu.*

VOCÊ APRENDE FAZENDO
Ao realizar o próximo exercício você Aprende Descobrindo

3.4.4. Exercício 12: Descobrir o que Quer Fazer Usando a Sua Intuição

Nós vamos aproximá-lo da sua Intuição.

Releia os 45 *cartoons* apresentados desde a Introdução, Capítulos 1 e 2 e alguns deste capítulo.

Perceba os pensamentos que surgirão ao reler cada cartoon.

Releia os pensamentos escritos em negrito antes e depois de cada um deles.

> Gaste cinco a dez segundos em cada *cartoon* e anote alguns pensamentos que surgirem mesmo que não entenda o sentido lógico de alguns pensamentos.

De vez em quando releia as respostas deste Exercício 12. Os *cartoons* trazem novas idéias, orientadas pela sua Intuição. É muito provável que algumas de suas anotações levem a idéias para você realizar seus três objetivos dos Exercícios 1 e 6 e pensarem em nossas dicas.

A sua Intuição pode estar respondendo o que precisa FAZER para realizar seus três objetivos que estão na pasta L.

Releia suas anotações muitas vezes, até entender alguns sinais enviados pela sua intuição. É importante ter sempre papel e caneta onde estiver porque o nosso inconsciente só traz novas idéias, se anotarmos as primeiras idéias. O seu inconsciente e a sua lógica precisam aprender a trabalhar juntos. Cada pessoa vê coisas diferentes, em cada *cartoon*.

A sua mente inconsciente está querendo responder as suas perguntas.

Isto é tão certo quanto: $X = I + XI$

Você não concorda? Veja sob outro ponto de vista. Não precisa se virar de cabeça para baixo. Basta inverter a posição desse papel.

3.5. A Nova Educação Deverá Ajudá-lo Em Cada Etapa de Sua Vida

Não conheço um livro sobre Intuição ou cursos de criatividade que ensinem como usarmos a nossa Intuição e o processo de aprender a aprender ao mesmo tempo.

Por outro lado, a maioria das pessoas que ensinam aprender a aprender não acredita que seja possível desenvolver a Intuição em um Curso. Para elas, só desenvolvemos nossa Intuição na medida em que exercitamos nossas Forças Pessoais e aprendemos o processo de aprender. Entretanto, eu penso o contrário.

Criei mais de 100 ferramentas de criatividade, e as apresentei nos meus quatro livros. Estas ferramentas são hábitos mentais que desenvolvem a Intuição das pessoas e o aprendizado para diferentes tipos de mente. Graças a isso o processo de Aprender poderá ser mais alegre.

Quando o famoso cientista Einstein ainda era universitário, o seu professor de física aconselhou-o a desistir desta matéria, dizendo-lhe que ele nunca seria um bom físico. O professor certamente deve ter percebido que *ele não prestava atenção às suas aulas*.

Einstein, provavelmente, tinha dificuldade *em concentrar-se nas aulas* e, além disso, *enfrentava problemas com a linguagem*.

Mas, como Einstein era um gênio, ele mesmo solucionou seus dois problemas de Aprendizagem relacionados com os dois seguintes Sistemas:

- Seu Sistema de Controle da Atenção não deixava a sua Mente Lógica *afastá-lo de sua Intuição (Mente Inconsciente)*.
- Sistema de Linguagem.

Nas suas DICAS práticas, Einstein ensinava a criar dizendo que *visualizava o que queria realizar para se livrar do bloqueio das palavras*. Ele dizia que fechava os olhos e se via viajando no Universo em cima de um raio de luz.

E foi nesse nível de pensamento que ele criou a Teoria da Relatividade.

Eu ensino uma outra ferramenta que parece ser igual, *mas é diferente da DICA de Einstein (a letra de uma canção)*.

Ao usar a minha ferramenta você se conecta com a sua Mente Inconsciente quando recebe sinais de sua Intuição, *e volta a usar sua Mente lógica*, por exemplo prestando atenção à aula do professor. Veja:

"Se você estiver em uma reunião ou numa aula e, de repente, pensar em algo diferente, fora do assunto que está sendo tratado, **deve anotar rapidamente o que lhe passou pela mente e, em seguida, voltar a prestar atenção no que estava fazendo**".

Todas as pessoas deviam aprender a usar essa DICA. Se os alunos não usarem, eles deixam de prestar atenção à aula e também perdem a idéia que surgiu de repente.

> Algumas vezes essa idéia está lembrando algo importante que ele precisa fazer. Pode ser, por exemplo, um telefonema importante.

Ao utilizar essa ferramenta, você consegue prestar atenção à aula e, ainda, desenvolver a idéia, que surgiu de sua mente inconsciente. Para tanto, quando terminar a aula, você transcreve essa idéia para uma folha e a guarda numa pasta L, outra ferramenta citada no Capítulo 1 que eu recomendo para ajudar a desenvolver as idéias que surgem de sua Mente Inconsciente e prestar atenção à aula.

> Você anota a idéia que aparece no meio de uma reunião ou de uma aula, não é só porque pode esquecê-la. O mais importante é que essa idéia, certamente lhe trará outras idéias que você nunca receberia se não tivesse anotado a primeira.

Desta maneira, repetidamente, você relê as idéias que lhe surgiram, possivelmente são coisas importantes e/ou de seu interesse.

Você pode reler as idéias e perguntar à sua Intuição: O que essas idéias têm a ver com os projetos que estou realizando? O que mais preciso saber?

Eu li dois trabalhos notáveis, relacionados ao desenvolvimento das pessoas: *Felicidade Autêntica*, do Psicólogo Martin Seligman, – Editora Objetiva e *Educação Individualizada*, do Pediatra Mel Levine, – Editora Campus.

Ambos autores são Ph.Ds. dedicados à investigação.

1. MARTIN SELIGMAN

Depois de 20 anos trabalhando como terapeuta, cuidando dos doentes mentais no seu consultório, Martin Seligman e outros psicólogos decidiram mudar o curso da profissão. Resolveram não tratar mais de doentes mentais. Estão tratando **apenas** *das pessoas que ainda não ficaram doentes*. O trabalho é semelhante ao de criar uma vacina para as pessoas não ficarem doentes. Ele ajudará as pessoas a desenvolverem pelo menos seis das 24 Forças Pessoais que Martin considera importantes para as pessoas *serem tudo que podem SER. As pessoas descobrem seus talentos e podem fazer o que gostam.* Essas 24 Forças Pessoais são:

Saber e Conhecimento
1. Curiosidade/Interesse pelo Mundo
2. Gosto pela Aprendizagem
3. Critério/Pensamento Crítico/Lucidez.
4. Habilidade
5. Inteligência (social/pessoal/emocional)

Coragem
6. Perspectiva
7. Bravura e Valentia
8. Perseverança, Dinamismo e Diligência
9. Integridade/Autenticidade

Humanidade e Amor
10. Bondade
11. Atuação e Aceitação/Ser Amado

Justiça
12. Cidadania
13. Imparcialidade
14. Liderança

Moderação
15. Autocontrole
16. Prudência
17. Humildade e Modéstia

Transcendência
18. Apreciação da beleza
19. Gratidão
20. Esperança e Otimismo
21. Espiritualidade/Senso de Propósito/Religiosidade
22. Perdão e Misericórdia
23. Bom Humor e Graça
24. Animação/Paixão/Entusiasmo

2. MEL LEVINE

Ph.D. – Diretor do Centro de Desenvolvimento e Aprendizado

Na minha percepção, o trabalho de Mel Levine pode ser resumido no que ele chama de Oito Sistemas de Neurodesenvolvimento, ligados ao processo de aprendizagem, base da aquisição de habilidades específicas. Esses Oito Sistemas são:

1. Pensamento Social
2. Orientação Espacial
3. Motor
4. Ordenação Seqüencial
5. Linguagem
6. Pensamento Superior
7. Memória
8. Controle da Atenção

Quando conheci o trabalho de Levine, já tinha encaminhado os originais deste livro à Editora. Por isso, eu e o gerente da Editora entendemos que seria importante preparar este texto para ser incluído no livro ao ser analisado na revisão do mesmo.

No meu entender o trabalho de Levine confirma que as minhas 100 ferramentas apresentadas nos quatro livros, *além de ensinarem Intuição, também ensinam Aprender a Aprender.*

Levine considera que o Pensamento Superior é a última fase da educação e que esta fase acontece quando os alunos estão se preparando para chegar à universidade.

Ao ler o próximo quadro, você verá que ensinei quatro dos cinco Pensamentos Superiores de Levine sem conhecer o seu livro.

Para aquele autor, o **Pensamento Superior** se apóia em cinco tipos de Pensamento:

1. Pensamento Conceitual, *(nós ensinamos Conceitos no Capítulo 1).*
2. Pensamento Sistêmico, *(ensinamos como pensar em Sistemas no Capítulo 2).*

3. Pensamento Crítico *(estudamos Habilidade Lógica)*.

4. Pensamento Orientado por Regras.

5. Pensamento Criativo *(ensinamos Intuição em todos os Capítulos)*.

Qual não foi a minha satisfação ao verificar que existe uma estreita relação entre as oito Inteligências que descrevi no Capítulo 2 e os oito Sistemas de Levine. Veja o quadro a seguir que traça paralelismo a partir de uma situação ideal, que não existe, ou seja, como seria uma pessoa bem desenvolvida em todas as Inteligências e nos oito Sistemas de Levine.

Em cada par Sistema-Inteligência, mostro que as pessoas inteligentes e bem desenvolvidas no aprendizado realizam tudo, quando são o que podem SER.

Quando apresentamos deficiência em um Sistema, muitas vezes também temos deficiência em mais dois Sistemas.

As Oito Inteligências (Capítulo 2)	Os Oito Sistemas (Levine)
1. Emocional (Interpessoal)	**1. Pensamento Social**

- Gosto de trabalhar em grupo
- Tomo decisões ouvindo as pessoas
- Percebo meus sentimentos e os sentimentos das outras pessoas

2. Espacial	**2. Orientação Espacial**

- Imagino formas no espaço
- Esquematizo minhas idéias com desenhos e modelos

3. Corporal	**3. Motor**

- Gosto de tudo que envolve o corpo
- Pratico jogos usando o corpo
- Gosto de fazer coisas com as mãos

4. Lógica	**4. Ordenação Seqüencial**

- Tenho a habilidade de me lembrar das coisas na ordem correta
- Analiso causas e efeitos

5. Lingüística   **5. Linguagem**
- Gosto de ler e escrever
- Redijo textos com facilidade
- Falo três línguas

6. Intuitiva   **6. Pensamento Superior**
- Encontro informações ou oportunidades cujos significados não são imediatamente óbvios
- Visualizo o que eu quero realizar
- Utilizo metáforas para criar e me comunicar

7. Natureza   **7. Memória**
- Gosto de olhar e sentir a natureza
- Penso e atuo dependendo estritamente daquilo que sei e lembro

8. Musical   **8. Controle da Atenção**
- Faço música até batendo em panelas
- Estou atento, descubro dentro de mim a capacidade de evoluir
- Existo no cotidiano

A semelhança entre os dois últimos pares (Natureza-Memória e Musical-Controle da Atenção) não é tão evidente como nos demais. Contudo, não deixam de ter pontos de contato.

Mel Levine tem mais de 30 anos de experiência, solucionando problemas de Aprendizado, desde a criança até o adulto começando a estudar em universidade.

Ele capacita as pessoas para Aprender a Aprender e também está criando uma nova educação.

Os dois cientistas, Levine e Seligman, desenvolvem as pessoas, utilizando métodos diferentes. Respeitam a individualidade delas, ao mostrarem como as pessoas são diferentes nas suas forças pessoais, nas suas deficiências para Aprender e como desenvolvem seus talentos especiais.

Os dois cientistas buscam o mesmo objetivo: **Desenvolver as pessoas para se conhecerem e serem mais felizes.**

A minha intuição me disse: "Maury, as 100 ferramentas que você apresentou, nos seus quatro livros, atingem três objetivos:

1. Desenvolvem a Intuição.
2. Desenvolvem o Aprender a Aprender.
3. Possibilitam usarmos mais de 10 por cento de nossas mentes."

O Amor Ajuda Sua Intuição A Acertar

Algumas Ferramentas de criatividade cuidam da Inteligência Interpessoal ou do Pensamento Social de Levine, **desenvolvendo o relacionamento das pessoas para a sua Intuição não errar**.

Muitas vezes as pessoas ouvem, mas não escutam. Essas pessoas precisam aprender a administrar suas emoções negativas. Por exemplo, uma pessoa com problemas de Atenção e de pensamento social ouve vozes através de uma janela aberta, mas não consegue perceber uma emoção na voz de alguém dizendo que precisa de amor. *Ela ouve, mas não escuta.*

Um outro exemplo de relacionamento negativo se dá quando alguém apresenta uma boa idéia e ela é rejeitada veementemente, sem razões para isso. Muitas vezes, a rejeição está no fato de simplesmente não se gostar daquela pessoa. **Você ouve, mas não escuta e, nesse caso, a sua Intuição erra**. *Ao aprender a trabalhar em grupo, você aprende a administrar suas emoções negativas e a gostar das pessoas.*

Nós Não Vemos As Coisas Como Elas São

Quando 30 pessoas entregam uma mesma causa jurídica, na maioria das vezes o advogado divide o grupo de trinta pessoas em seis grupos e transforma a mesma causa em seis causas.

O advogado sabe que cada causa será julgada por um juiz diferente e provavelmente três grupos ganharão e os outros três grupos perderão.

"As suas Crenças determinam o que cada juiz VÊ, PENSA e SENTE".

Esta história parece "esquisita", mas você a verá como **bonita** se estiver num dos grupos que ganhar.

Contamos estas histórias para perguntar o seguinte:

Como é possível o professor dar uma aula sem precisar ouvir o aluno?

Se 93% da comunicação entre as pessoas acontecem pelo corpo, *por que a educação acredita que o conhecimento deve ser transmitido para os alunos sem eles conseguirem ver seus colegas e se comunicarem pelo corpo?*

A melhor maneira de desenvolver as pessoas é melhorar o seu relacionamento, ensinando a trabalhar e estudar em grupos.

A educação não está utilizando os novos conhecimentos sobre Aprendizagem:

Memória – Como Prestar Atenção, Pensamento Social – Inteligência Interpessoal e Intuição, criados pelos cientistas.

> Dificilmente teremos todas as respostas para os problemas de educação, mas os cientistas estão trazendo novas respostas, que são o resultado de anos de experiências e estudo.

DICAS PARA VOCÊ APRENDER A APRENDER E DESENVOLVER SUA INTUIÇÃO

Apresentarei algumas DICAS "esquisitas" para vocês pensarem, acreditando que quando lerem essas DICAS vocês poderão criar outras e esse processo poderá mudar a sua vida.

Será igual a cantarolar "**a letra de uma canção**". Essas DICAS *são as primeiras idéias*. Se vocês anotá-las e usá-las criarão idéias muito mais importantes do que nossas DICAS.

DICA 1 – *As 7 perguntas Como? Quando? Por quê? Quem? O quê? Aonde? Quanto?* **Eu as usei para resumir cada capítulo.**

Essas perguntas são uma ferramenta de criatividade.

A minha lógica percebeu, que essas 7 perguntas também ajudam a corrigir as deficiências de Aprendizado da seguinte forma:

- Desenvolvem a Atenção, mostrando os fatos mais importantes de cada capítulo.
- Ajudam no Sistema de Memória do leitor.
- Facilitam a percepção da Seqüência em que as idéias acontecem. Ajudam as pessoas com deficiências de aprendizado a perceberem melhor os fatos importantes, sem se perder nos detalhes.

Utilizo menos palavras e tento chegar a um número maior de leitores que tem Sistemas de Linguagem diferentes.

O objetivo é ajudar as pessoas a Aprender a Aprender e a desenvolver sua Intuição.

Essas 7 perguntas são citadas em muitos livros de Criatividade para fazermos novas conexões e criarmos. Eu uso essas perguntas para ajudar as pessoas a fazerem um artigo criativo ou uma redação criativa.

DICA 2 – Ao terminar este último capítulo, é importante você consultar o ÍNDICE que apresentamos no final do livro.

Lembre-se de que no Exercício dos quatro animais JAVALI – QUATI... você aprendeu que **a ordem de chegada das informações determina o que você vê**.

Sempre que quiser Aprender a Aprender e desenvolver a sua Intuição, use o ÍNDICE para reler estas e outras ferramentas numa outra ordem de chegada, *e verá coisas que ainda não tinha visto.*

Você poderá reler alguns Pensamentos Superiores que criei. Por exemplo:

1. Criar novos Conceitos; 2. Aprender a trabalhar em Sistemas; 3. Habilidade Lógica; 4. Intuição; 5. Aprender a trabalhar em grupo; 6. Descobrir o que o Inconsciente do autor de um livro quase disse, *quando criou o livro;* **7. Criar Idéias-Mães (Ver Capítulo 4); 8. Aprender os conhecimentos informais.**

Algumas DICAS apresentadas a seguir parecem que se aplicam *apenas* **ao professor e ao aluno.**

Use a sua imaginação para ver, por exemplo, que um gerente tem de saber MOTIVAR seus auxiliares, clientes etc. Para motivar as pessoas você tem que ajudá-las a descobrirem seus interesses individuais.

Elas têm que saber em que coisas querem ser as melhores, e querer alcançar resultados extraordinários.

Você terá de ouvir, conversar e ouvir muito, *até elas sentirem que alguns de seus interesses estão conectados com o seu interesse, de também querer alcançar resultados extraordinários.*

Leia o livro de Ross R. Rech, Ph.D., *O Fator X* (como extrair resultados extraordinários de pessoas comuns) – Editora Record.

DICA 3 – Neste capítulo, apresentamos uma proposta para as universidades ministrarem um Curso de Formação Humana ensinando Aprender a Aprender e Intuição, para mais adiante ser aplicado em todas as escolas.

DICA 4 – Numa turma de 50 alunos, eles seriam divididos em subgrupos de 3 alunos cada um, voltados para os professores, mas cada aluno dos subgrupos veria os outros colegas e seria visto pelos dois.

O diálogo existe a partir do momento em que uma pessoa senta em frente à outra. Ainda que nada digam, só no fato de estarem juntas já começam a conversar.

Lembre-se de que o seu corpo fala o que não é dito.

A pessoa que fala se transforma pelo discurso.

DICA 5 – Depois de 30 minutos de aula, o professor a interromperia, para os alunos conversarem 5 minutos nos subgrupos. Relembrariam as idéias principais e os detalhes importantes destacados pelo professor. No final da aula, o professor pediria para todos os subgrupos, apresentarem em 1 minuto o que perceberam. Para economizar tempo, **apenas seis subgrupos** apresentariam suas idéias e, se possível, coisas diferentes do que foi dito pelos subgrupos anteriores. O professor também falaria.

> Muitas vezes, um aluno aprende com seu colega o que não conseguiu entender com o professor. É possível que isto aconteça, porque um colega conhece melhor seu companheiro do que o professor e está no mesmo nível de conhecimento.

DICA 6 – Os alunos seriam informados que a memorização da aula será bem maior se eles recordarem a aula no mesmo dia, relendo suas anotações mais de uma vez e o mais cedo possível. Nunca três dias depois da aula. Os alunos que apresentarem DICAS práticas sobre Aprendizagem da matéria ganham pontos na prova.

DICA 7 – Em quase todas as provas o aluno poderá consultar livros e seus apontamentos.

DICA 8 – Em cada aula, os subgrupos recebem um resumo da mesma preparado pelo professor. Os subgrupos também preparam um resumo e fazem um resumo dos resumos, valendo ponto na prova. Quanto mais você relê melhor você memoriza.

DICA 9 – O professor tem que desenvolver a sua Intuição, *para ensinar aos alunos o processo de pensamento que permite criar o novo conhecimento*. Nas escolas, **as respostas sempre foram mais importantes do que** o processo de pensamento.

Ao receber as respostas prontas, os alunos não percebem que aprendem apenas a memorizar. Eles não aprendem *como pensar,* para criar reinventando a sua empresa e a enfrentar situações inesperadas.

No trabalho somos estimulados a encontrar soluções rápidas. Quando as soluções mudam, "o aluno" volta à escola para fazer um novo Curso Universitário. Para ajudá-lo a se decidir ele é informado que o que ele aprendeu no último curso já mudou. *O aluno não aprende a se virar, e vai buscar novas respostas prontas.*

A maioria dos professores Intuitivos, poucos, sabe ensinar a como pensar para criar o novo conhecimento. Esses professores, por exemplo, podem ensinar 10% do novo conhecimento que a sua Intuição **já sabe**.

Muitas vezes a Intuição do professor já sabe algo sobre o novo conhecimento, mas a sua mente lógica ainda não sabe como preparar esta aula. **Ao ensinar esse conhecimento, o professor aprenderá junto com o aluno.**

Essa aula deve ser comunicada aos alunos com antecipação de três meses, apresentando *quais serão os conceitos utilizados nela*. Releia o que dissemos sobre conceitos – consulte o ÍNDICE.

Um conceito é uma reunião de características que andam juntas para criar uma categoria de idéias.

Por exemplo, você veria o significado dos conceitos *globalização* e *colonização global*, se a aula anunciada fosse analisar se "Os países desenvolvidos estão planejando *uma globalização* ou *uma colonização global* para o Brasil". Você veria o significado das palavras globalização e colonização global. E ao pensar usando conceitos, você não precisaria de muita memória e esforço, para pesquisar que informações deverá estudar.

DICA 10 – Uma Idéia-Mãe é aquela idéia que soluciona dezenas de problemas, que permaneceram anos sem solução (Capítulo 4).

Por exemplo, uma Idéia-Mãe para não ter acidente com o pára-quedas é: "todo pára-quedista deve montar seu pára-quedas".

Sugerimos que você, os Professores e os alunos sejam desafiados a criar "algumas Idéias-Mães, para o professor conseguir Aprender também com o aluno".

Uma das idéias poderá ser:

Na primeira aula o professor comunica que durante o curso pretende aprender pelo menos umas três idéias com cada aluno. Em seguida o professor *pede e AGRADECE*, visualizando que nas próximas aulas receberá as idéias. Quando isso acontecer os alunos ganharão pontos nas provas.

DICA 11 – Os alunos anotam as aulas e a leitura de livros, usando **uma caneta criativa**.

Caneta criativa é aquela que não falha e desliza rapidamente pelo papel (Capítulo 1). Ela é semelhante à caneta Futura. Ao usá-la você presta Atenção às idéias e a sua compreensão é melhor porque memoriza mais facilmente. Ao escrever algumas palavras mais rapidamente, você não desvia sua Atenção, querendo ver se escreveu certo, se a caneta falhou, etc.

Para você entender o que estamos dizendo, escreva uma mesma frase, usando uma lapiseira e uma caneta criativa. Quando você escreve com a lapiseira, presta mais atenção em cada uma das palavras sem ver a idéia do conjunto. E ao escrever com a caneta criativa você capta melhor o sentido da frase, por ver a frase globalmente. Por exemplo:

Veja o que você *lembra ao escrever com uma lapiseira*:
    Você é   um amor   de criança

Ao escrever com uma caneta criativa:
    Você é um amor de criança

Você memoriza algumas palavras da última frase (entende melhor a idéia apresentada), *consegue antecipar uma idéia. Vê imagens*, **visualiza as idéias**, *faz novas conexões e consegue criar.*

Ao sabermos que **90% de cientistas** que já existiram estão vivos, eu acredito que:

- Brevemente a maioria das pessoas poderá usar mais de 10% de sua Mente. Ela usará uma parte dos 90% que nunca usou.
- Desenvolveremos o Aprender a Aprender, junto com a Intuição.
- Vamos **TER** mais amor AO PRÓXIMO, desde o ensino fundamental.

Lembre-se de que depois de 7 anos de idade, nós deixamos de usar a nossa Intuição.

Você será mais feliz, ao viver mais momentos fazendo o que gosta.

Resumindo:

Descubra o que quer.

Os três exercícios apresentados neste Capítulo 3 foram criados para comunicar as seguintes conclusões:

> • **Exercício 10: JAVALI – QUATI – ...**
> Você percebe que a sua Lógica precisa ser desenvolvida para trabalhar junto com sua Intuição.
>
> • **Exercício 11: EPZT/UNDT/APCTO**
> Você descobre que é quase impossível aprender a criar o novo conhecimento utilizando apenas a sua mente lógica.
>
> • **Exercício 12: Os *Cartoons* como Metáforas**
> Ao ler cada *cartoon* você lembrará de coisas importantes sobre a sua vida. A sua Intuição descobrirá o que você precisa SABER e FAZER o mais cedo possível.

É possível criar o seu futuro.

O que precisa aprender, o mais cedo possível?
Procure o rabino sábio. *Ele mora dentro de você.*

QUEM?
- Ao se relacionar com as pessoas lembre-se de dar uma atenção especial às primeiras impressões. Elas podem durar um dia ou anos.
- Se você descobrir primeiro as habilidades negativas das pessoas, nunca saberá por que a sua Intuição errou, ao não gostar delas.

- Desenvolva a Arte de sorrir cada vez que o mundo diz NÃO.
  – *Você é responsável pela sua vida.*

QUANTO?

- O SILÊNCIO comunica. *Feche os olhos para ver.*

  – Quando aproximamos as pessoas de sua Intuição fazendo uma Meditação, elas fecham os olhos para ver mais.

  – **O silêncio é um cheio** que você precisa explorar. O observador muda o objeto observado.

- Aprenda perguntando. Quando você aprende a perguntar, e aproxima as pessoas de sua Intuição, ao invés de ouvir que é mais ou menos isso que fulano e beltrano falaram você recebe dezenas de respostas.

  – Procure o rabino sábio. *Ele mora dentro de você.*

- A sua Intuição o ajudará a realizar seus sonhos.

  – Melhore a sua comunicação. Quando tiver dúvidas, repita as palavras que ouviu e pergunte a quem falou se foi isso que ela disse. Você aprenderá a ouvir sentindo as pessoas (DICA 5).

QUANDO?

- DICA 4 – O diálogo começa quando você senta em frente a uma outra pessoa. Ainda que nada digam, vocês já estão conversando.

  – Quando estiver em uma reunião e, de repente, pensar em uma idéia inesperada, anote-a e em seguida volte a prestar atenção ao que estava fazendo.

COMO?

- Sempre há coisas da "bicicleta" que servem para criar a "não-bicicleta" (Picasso pintou um quadro – a cabeça de um búfalo – observando o guidom de uma bicicleta). Esse quadro é vendido por milhões de dólares.

- Ao receber uma nova idéia lembre-se de que ela nasce e caminha fazendo associações.

- Você descobre que é quase impossível aprender a criar o novo conhecimento utilizando apenas a sua mente lógica.
- Visualize o que quer realizar vendo o seu projeto como se já estivesse realizado.
- Evite o bloqueio da *"ordem de chegada das informações"* conduzidas pelas mentes lógicas (JAVALI – SAGÜI).
  - Anote as novas idéias em forma de espinha de peixe. Ao ouvir JAVALI, pergunte se tem outro animal diferente antes de pensar OCAPI.

O QUÊ?
- Você não vê as coisas como elas são...

O que nós sabemos é um obstáculo maior do que o que não sabemos. As pessoas só criam ajudadas pela sua Intuição.

ONDE?

Onde estiver tenha sempre no bolso uma caneta criativa e anote a idéia que surgir. Essa idéia na maioria das vezes lhe trará outras idéias que você nunca receberia se não tivesse anotado as primeiras.

- Releia os *cartoons* do livro. Você pensará coisas importantes sobre a sua vida. A sua Intuição descobrirá o que você precisa SABER e FAZER o mais cedo possível.
- No final do livro, leia o ÍNDICE e veja o que ainda não viu.

POR QUÊ?

- Veja uma habilidade positiva na outra pessoa e dê um sorriso mostrando que gostou do que viu. Você determina como será tra tado.

Ao dar amor, você recebe amor, reduz suas emoções negativas e é mais feliz.

Você tem que Querer SER mais antes de Querer TER.

Quem não desenvolve o seu SER é capaz de "matar" para TER, por exemplo, um tênis ou até falsificar um balanço de uma empresa para ficar rico, enganando os acionistas. **A pessoa se torna desumana.**

Nunca duvide de que você é Intuitivo, e que pode criar o seu futuro.

"Uma conclusão é o lugar onde você se cansa de pensar."
Blaise Pascal

Capítulo 4:

DESENVOLVER SUA INTELIGÊNCIA INTERPESSOAL E SUA PERCEPÇÃO

4.1. IDÉIAS-MÃE
    4.1.1. UMA IDÉIA-MÃE PARA DESENVOLVER SUA INTELIGÊNCIA INTERPESSOAL
    4.1.2. AFASTE-SE DO FOCO DE TENSÃO
    4.1.3. A GALINHA DO CORONEL
4.2. É POSSÍVEL ENSINAR O QUE AINDA NÃO SABEMOS QUE SABEMOS
    4.2.1. IDÉIA-MÃE – APRENDER A APRENDER
    4.2.2. TODA COMUNICAÇÃO É METAFÓRICA
4.3. USAR METÁFORAS

Capítulo 4:

DESENVOLVER SUA INTELIGÊNCIA INTERPESSOAL E SUA PERCEPÇÃO

4.1. IDÉIAS-MÃE

No dia-a-dia fora da escola, os alunos enfrentarão muitas situações inesperadas. Terão que aprender e identificar os problemas mais importantes. Nós criamos um conceito que chamamos de Idéia-Mãe para ajudá-lo onde estiver: na escola, na universidade, no seu trabalho e no seu lazer.

É importante descobrir uma Idéia-Mãe. Elas geralmente são muito simples depois que você as percebe.

> Idéia-Mãe é aquela que soluciona dezenas de problemas. Alguns desses problemas permaneceram anos sem solução.

Ao conhecê-las você fica surpreso e pergunta como é que não teve essa idéia antes.

As Idéias-Mãe existem em todas as áreas do conhecimento. Para esclarecermos melhor a sua importância, daremos alguns exemplos de idéias-mãe.

Nós sabemos que muitas cidades são poluídas pelos despejos contaminados das suas fábricas.

> Uma Idéia-Mãe gerou uma lei obrigando as fábricas a coletarem sua água após o local de seu despejo no rio.

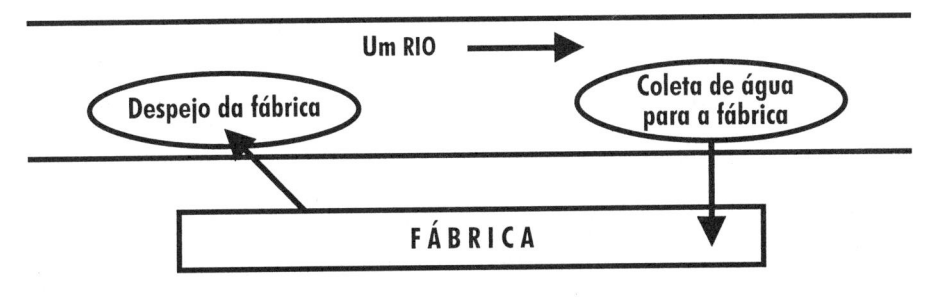

```
            Um RIO  ──▶
   ╭─────────────╮      ╭─────────────╮
   │Despejo da   │      │ Coleta de água│
   │  fábrica    │      │ para a fábrica│
   ╰─────────────╯      ╰─────────────╯
        ▲                     │
   ┌────┴─────────────────────▼────┐
   │          FÁBRICA              │
   └───────────────────────────────┘
```

Todas as fábricas têm que tratar seus despejos, antes de jogá-los no rio. Se não tratá-los, usará água poluída pelos mesmos.

Um outro exemplo de Idéia-Mãe está no como preparar o pára-quedas para saltar de avião. O fabricante do pára-quedas não responde a processo quando um deles não abre e o piloto morre. A Idéia-Mãe é: cada pára-quedista prepara o seu pára-quedas na hora de saltar.

Cada R$ 1 investido em saneamento básico e água potável pode economizar R$ 4 em saúde.

Precisamos aprender a trabalhar em sistemas para descobrirmos mais facilmente as Idéias-Mãe que solucionam milhares de problemas. A maioria dos grandes problemas é sistêmica. No Capítulo 3, estudamos como pensar sistemicamente, para a sua Intuição ajudá-lo mais.

O professor Ackoff, que Peter Drucker considera como o seu mestre, nos diz que:

"As universidades organizam-se em disciplinas, para ensiná-las separadamente, com mais eficiência. Mas as disciplinas na realidade estão desorganizando o conhecimento porque poucas informações podem ser selecionadas para criar o conhecimento quando as mantemos isoladas, em cada uma das disciplinas".

No nosso aprendizado até a universidade, o professor é o único que escolhe um problema e as informações necessárias para chegar a uma solução já conhecida. Entre bilhões de informações, o aluno não aprende a fazer perguntas para escolher as informações que criam o conhecimento de que ele precisa.

A maioria dos problemas exige uma visão multidisciplinar para serem solucionados. Muitos problemas econômicos não têm solução se o economista não se aprofundar no conhecimento humano.

Quando sinto uma idéia intuitiva de alguém, eu sempre procuro a Idéia-Mãe dessa idéia que acabei de perceber.

Descobrir Idéias-Mãe poderá ser muito útil para você realizar seus objetivos pessoais e os da sua empresa.

4.1.1. Uma Idéia-Mãe para Desenvolver sua Inteligência Interpessoal

Este capítulo trata da inteligência interpessoal e da percepção. A maioria dos exemplos que estudaremos será desta área.

Eu sempre quis entender o que precisava fazer para me relacionar e trabalhar bem com as pessoas. Estudei Intuição por 30 anos, e só recentemente percebi que a maioria de nossas emoções negativas é gerada por não sabermos nos relacionar com as pessoas, e, quando isto acontece, a nossa Intuição erra.

Para desenvolver a intuição, eu precisava descobrir novos caminhos para as pessoas terem bons relacionamentos, passageiros ou duradouros, vendo primeiro as habilidades positivas das pessoas.

No Capítulo 2 eu disse que com mais tempo de convivência as pessoas desenvolvem seu relacionamento quando aprendem a trabalhar em equipe. Ao solucionar um problema, ou realizar um projeto trabalhando em equipe, você tem percepções diferentes que ajudam a criar diversas alternativas.

Quando você percebe que precisa das habilidades do outro, estará vacinado contra a sua individualidade egoísta e consegue amar o próximo. *O trabalho em grupo não é apenas um fim para gerar projetos e trabalhos inovadores. Ele é, também, um meio para desenvolver pessoas.*

> O mais importante do trabalho em grupo é que ele *produz uma mudança de comportamento nos participantes e desenvolve as habilidades pessoais.*
>
> Com o tempo, a pessoa tímida deixa de sê-lo. Quem gera idéias ensina a criar e aprende a implementar a idéia com alguém do grupo.

O aprendizado acontece no decorrer do tempo, sem as pessoas perceberem.

Sempre que essas pessoas se encontram, é fácil trocarem um sorriso dizendo: "Gostei de vê-lo".

Nos relacionamentos de curto tempo, é muito importante aprendermos a sorrir para a outra pessoa.

A sua lógica deve estar me dizendo:

"Sorrir para a outra pessoa nos relacionamentos de curto tempo sem conhecê-la é uma manipulação grosseira. Não gostei".

Recentemente, li o livro *Começando com o Pé Direito*. Uma das autoras é advogada e tem uma das maiores empresas de advocacia nos Estados Unidos. O seu primeiro livro, *Desvendar Pessoas*, tornou-se um *best seller*. Os autores desses livros são Jô e Ellan Dimitrius.

Eles conversaram com mais de 12.000 jurados e descobriram que aqueles jurados com crenças negativas, por exemplo o preto é inferior ao branco, decidiam e formavam sua opinião se o réu era culpado nos primeiros cinco minutos de julgamento. Não bastava estar com a verdade nas suas causas.

Resumindo, Ellan aprendeu a identificar os jurados com crenças negativas e escolhia aqueles sem esses valores. Como o advogado pode aceitar ou rejeitar um jurado, Ellan escolhia os jurados que não tinham preconceitos e conseguiu ganhar a maioria dos julgamentos.

Eu li o livro de Jô e Ellan umas cinco vezes, durante um mês, porque percebi que Ellan não descobriu o que eu queria saber.

Para melhorar os relacionamentos em um tempo curto de cinco minutos, eu queria aprender como VER e SENTIR a outra pessoa para descobrir uma de suas Habilidades positivas.

Eu relia o livro e sempre me perguntava: o que preciso SABER e FAZER para conseguir o que eu quero?

O livro de Martin Seligman, *Felicidade Autêntica,* me ajudou a ver a importância de 25 Forças Pessoais, no bom desempenho profissional das pessoas e na realização de seus desejos para serem felizes.

Seligman é um psicólogo Ph.D., cientista pesquisador. Ele foi um grande terapeuta durante mais de 20 anos. Hoje, as suas idéias lideram os melhores psicólogos e psiquiatras dos Estados Unidos, para deixarem de tratar os doentes mentais e se dedicarem às pessoas que ainda não ficaram doentes. É semelhante a criar uma vacina para evitar a doença.

Noventa e cinco por cento das pessoas nos Estados Unidos passam pela vida sem fazer o que gostam. O trabalho é um sofrimento.

Ter um trabalho ganhando muito dinheiro não garante felicidade.

Seligman está começando a ajudar todas as pessoas – profissionais, professores, alunos... a serem mais felizes –, desenvolvendo pelo menos umas cinco ou seis Forças Pessoais.

Ao me dedicar a ensinar Intuição eu sempre soube que para sermos um bom profissional, mais feliz, precisamos desenvolver nossas quatro habilidades, Inteligências e a nossa Intuição.

Em momentos diferentes, cada uma das Habilidades pode ser usada pela mesma pessoa de uma maneira negativa ou positiva.

Ao descrever mais de 25 Forças Pessoais, Seligman demonstra com mais pesquisa o que eu tinha percebido nas quatro Habilidades que apresentei no Capítulo 2. Ele mostra, por exemplo, que o bom advogado precisa desenvolver a sua força pessoal Prudência. Ao ser Prudente o advogado competente consegue se preparar para tudo que pode acontecer de errado.

Martin Seligman mostra também que a maioria dos bons advogados é pessimista na sua vida particular, com sua família e amigos. Não sabem ser otimistas.

Quando criei este livro eu não conhecia o trabalho de Seligman. No Capítulo 3 dissemos que teremos uma nova Educação começando nas universidades quando as Áreas Humanas trabalharem juntas com as Áreas Tecnológicas.

Você pode melhorar seus relacionamentos de curto tempo, tentando ver primeiro uma habilidade positiva da outra pessoa, sorrindo, para mostrar que gostou do que viu. Você vê uma habilidade positiva, porque a sua Intuição lembrará uma experiência positiva que você já viu, entre as milhares de experiências vistas.

Resumindo nossas idéias para melhorar o relacionamento das pessoas, nós acreditamos que é possível desenvolver bons relacionamentos:

1. De curto tempo – sorrindo ao ver uma habilidade do outro.

2. **De longo tempo** – aprendendo a trabalhar em equipe, pois você aprenderá as habilidades que tiver carência, e as pessoas terão tempo para descobrir as habilidades que você tem e de que elas precisam. Quando isto acontece, as pessoas têm tempo para melhorar suas habilidades negativas sem serem rejeitadas.

Os filósofos de hoje ajudam as pessoas a serem mais felizes. Alguns dizem que quando as pessoas conseguem algo que querem, em pouco tempo elas deixam de gostar do que conseguiram.

Uma das maneiras de você ser feliz com o que já tem é tomar consciência de que você gosta de suas Habilidades porque elas o ajudam a realizar seus projetos. Com este pensamento, você continua gostando do que já tem e realiza seus novos sonhos porque confia nas suas habilidades.

Eu não imaginava que, nos relacionamentos, as primeiras impressões durassem anos, mesmo que as pessoas não se vissem durante esse tempo.

É muito provável que se a Idéia-Mãe perceber a Habilidade da outra pessoa e sorrir, melhorará muitos relacionamentos.

A maioria das Primeiras Impressões permanece anos.

Como você será lembrado?

Não deixe a sua Intuição errar, lembrando apenas do que não gostou naquela pessoa.

Há pouco tempo, vi o ex-jogador Raí entrevistando um padre na televisão. Esse religioso, à frente de uma ONG, coordena um trabalho notável junto a uma comunidade. Observei 15 minutos da entrevista e vi que o trabalho do padre era muito bonito e melhorou a vida de muitas pessoas. Mas eu não entendia por que eu estava gostando mais do Raí do que do padre, se eu nem me lembrava mais daquele famoso jogador. No final da palestra, o padre agradeceu ao Raí dizendo o seguinte: "Obrigado pela doçura do seu olhar".

Fiquei surpreso porque só naquele momento a minha lógica percebeu o que minha Intuição já tinha visto. O Raí conduziu a entrevista olhando o padre sem falar. Mas olhou de um jeito que o entrevistado sentiu que ele estava gostando, e querendo que o padre falasse mais. O Raí quase não falou, mas o padre percebeu que o seu olhar falou e agradeceu.

Você já viu alguém ser excluído pelo olhar de outra pessoa?

As pessoas mais pobres, ou as vítimas de preconceitos, sabem o que isso significa. Se elas não tiverem um curso de formação humana na sua educação, a sua auto-estima será baixa.

Observe uma habilidade positiva.
Dê um sorriso.

O seu OLHAR comunica mais do que suas palavras.

> Toda essa conversa é para lhe dizer que você pode usar a sua Intuição para aprender áreas humanas, e Psicologia com uma advogada, com uma revista e com o Raí.

4.1.2. Afaste-se do Foco de Tensão

Se os nossos sentimentos nos levam a agir, é importante administrarmos nossas emoções. Se tivermos mais emoções positivas do que negativas teremos melhores decisões.

Sempre que possível devemos nos dar um tempo para não sermos conduzidos por um FOCO DE TENSÃO.

A nossa lógica dificilmente muda os nossos sentimentos e ações.

A intuição pode mudar a nossa percepção, afastando-nos do FOCO DE TENSÃO, mudando a lógica e nossos sentimentos para tomarmos boas decisões.

Para você acreditar que a Intuição pode mudar a sua Percepção contarei duas histórias: a primeira aconteceu num ponto de ônibus.

> *"Uma das pessoas, quase no meio da fila, estava tensa querendo viajar sentada. Enquanto aguardava o ônibus, movimentava o corpo afastando as pessoas que estavam atrás dela quando se aproximavam.*
>
> *O outro personagem da história era a quinta pessoa atrás do 'nervosinho'. Ele fez as pessoas verem que estava colocando um óculos escuro de cego e foi andando e esticando o braço por cima do ombro das pessoas que estavam à sua frente até alcançar as costas do 'nervosinho' e empurrá-lo. Quando este sentiu o empurrão, fechou as mãos com raiva e virou-se para agredir quem o empurrou. Ao perceber que a pessoa que o empurrara era deficiente físico, ficou perplexo.*
>
> *Em poucos segundos, **a sua emoção de raiva foi substituída por compaixão**. Como o ônibus acabara de chegar, ele pegou o 'cego' pelo braço, subiu no ônibus e deixou-o sentado, voltou para o seu*

lugar e ainda conseguiu lugar para sentar. Ficou alegre ao ver que as pessoas sorriam para ele. Teve a iniciativa de abrir duas janelas do ônibus e os passageiros gostaram.

De repente ele acompanhou o olhar das pessoas que sorriam e viu que elas olhavam para o 'cego'. Ele também olhou e não acreditou no que estava vendo: o 'ceguinho' tinha tirado os óculos escuros e estava lendo um jornal.

O 'ceguinho' mudou a emoção negativa do 'nervosinho' ao mudar sua percepção.

Dizem que os dois personagens desta história se tornaram grandes amigos.

O 'ceguinho' se afastou do foco de tensão e usou sua Imaginação para ver outros pontos de vista. Não ficou limitado pela emoção negativa de raiva."

Quando você não desenvolve a sua intuição, precisa se afastar da tensão negativa e dar um tempo para ver outros pontos de vista.

Se você quiser melhorar esta história, pode contá-la dizendo que o "ceguinho" era um filósofo.

4.1.3. A Galinha do Coronel

Enquanto você pensa nas Idéias-Mãe, nós lhe contaremos a segunda história. Aconteceu na Segunda Grande Guerra Mundial, em um campo de concentração de judeus, aprisionados pelos alemães nazistas.

"Um dia, um coronel alemão reuniu seus oficiais, soldados e todos os judeus prisioneiros. O coronel colocou todas essas pessoas de pé e anunciou que algo muito sério tinha acontecido e precisava ser resolvido.

– Roubaram uma galinha! Eu quero saber quem a roubou.

Dirigiu-se a um judeu que estava na primeira fila e perguntou:

– Você sabe quem roubou a galinha?

O judeu tremeu todo e respondeu que não sabia.

Quando o coronel ouviu a resposta, deu um tiro na cabeça do infeliz, que caiu morto.

Mais irritado do que antes, o coronel disse que perguntaria novamente. Aí, um garoto de 13 anos deu um passo à frente.

O coronel olhou-o nos olhos e perguntou:

– Você sabe quem roubou a galinha?

– Sei, sim, Sr. Coronel! Foi esse, que o Sr. acabou de matar.

Uns quarenta anos depois de a guerra ter acabado, esse garoto tornou-se um grande empresário.

Sempre que alguém mostrava medo para enfrentar o inesperado, ele dava muitas risadas e dizia: 'Perdi esse medo há muitos anos'."

A intuição do garoto deu-lhe **uma nova percepção**, que mudou a sua lógica, e esta **mudou os seus sentimentos** e o seu comportamento.

SOB TENSÃO, administre suas emoções negativas.

Pare e veja o belo – Pense e sinta antes de falar.

4.2. É Possível Ensinar o que Ainda Não Sabemos que Sabemos

Sempre que lemos um livro usando apenas a nossa lógica, a outra pessoa pensa por nós. É igual ouvirmos uma aula sobre **JAVALI**... até **OCAPI**.

Você perde a capacidade de pensar por conta própria.

Para criar um livro, o autor usa sua intuição e algumas vezes ele percebe que a sua lógica não está entendendo os caminhos que está seguindo.

Mas o autor sabe que quando o livro estiver pronto as idéias serão rearrumadas para serem transmitidas de sua lógica para a lógica dos leitores, que não saberão como essas idéias foram criadas. As pessoas entendem o novo conhecimento, mas não **Aprendem a Aprender**.

Muitas "verdades" levaram mais de 20 anos para serem criadas. E o mais interessante é que a lógica de quem criou também deixou de ver muitas idéias que a sua intuição tentou lhe dizer.

Essa é uma das explicações por que algumas pessoas escrevem diversos livros em pouco tempo.

O que a sua lógica não viu no primeiro livro só é percebido no segundo ou no terceiro.

É importante saber reler determinados livros que você gostou muito, **até descobrir o que o autor não viu**. Mas a maioria das pessoas foi educada para entender apenas a lógica de quem está transmitindo até ficarem **estúpidas**. *Deixam de buscar dentro de si o que pensam.*

Rubem Alves diz que é muito difícil viver na universidade e continuar a cultivar os próprios pensamentos.

É muito mais seguro falar sobre aquilo que os outros falaram.

Na universidade, o aluno fica ansioso e irritado por diversos motivos. Um deles é não saber como aprender e não saber que parte do conhecimento ficará obsoleto em pouco tempo.

O aluno sente que quando precisar "reaprender" terá de procurar um novo curso universitário.

O aluno não é preparado para aprender e criar o conhecimento. **Como conseqüência não é preparado para o inesperado**. Terá dificuldades para reinventar o seu negócio.

Os professores acreditam que educar é explicar as conclusões verdadeiras que a sua lógica percebeu após longas caminhadas pelo inconsciente. Os alunos não aprendem a arte de pensar.

O pensar se aprende seguindo-se os sinais da Intuição até a lógica entender e aprovar.

Na educação tradicional, o professor finge que ensina e o aluno finge que aprende. O professor não descobre quem são aquelas 50 pessoas enfileiradas na sua frente. Não sabe como cada uma aprende. E se pergunta: "O que esse pessoal quer fazer de sua vida?"

Quando todos os professores forem criativos, eles selecionarão aquela parte do conhecimento que ficará desatualizada em pouco tempo e criarão, junto com o aluno, um novo conhecimento (pode ser 10% do conhecimento que ensina).

O professor criativo sabe que, ao criar esse conhecimento, ele seguirá muitos caminhos errados, até a sua lógica entender a sua intuição.

O professor universitário geralmente cria ou copia de um outro professor o novo conhecimento. Depois de concluído, ele explica ao aluno.

Nós estamos sugerindo que o professor aprenda parte desse conhecimento (10%) junto com o aluno. **Ele ensinará o que sua intuição já sabe**.

O professor só deve **ensinar o que já sabe**, se conseguir aprender junto com o aluno, **ensinando também os 10% que a sua lógica ainda NÃO SABE**.

O professor Intuitivo ensinará Aprender a Aprender.

4.2.1. Idéia-Mãe – Aprender a Aprender

Einstein dizia que tudo tinha mudado, exceto a nossa maneira de pensar.

Jerome Bruner, um psicólogo de Harvard, observou que "uma criança nunca dá uma resposta errada. Ela simplesmente responde a uma pergunta diferente. A resposta está certa, mas não para aquela pergunta".

Nós temos que descobrir qual foi a pergunta que ela respondeu corretamente.

Um professor pediu a uma criança de 5 anos para desenhar *cinco* bolas. Ela desenhou:

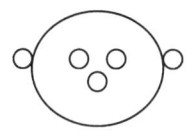

O professor viu seis bolas no desenho.

Você viu seis ou cinco bolas?

A criança disse que desenhou cinco bolas no rosto de um palhaço. Ela não sabia que o rosto do palhaço seria considerado uma sexta bola, porque, segundo ela, essa bola já existia. Nasceu com o palhaço, não foi ela que fez.

Os livros que lemos são dirigidos para os adultos, mas deveriam permitir que usássemos a nossa criança com a nossa intuição.

> **O importante não é apenas saber o que a nossa mente lógica já sabe, mas aprender a responder a uma outra pergunta.**

Para fazermos novas conexões criativas ou enfrentarmos o inesperado, precisamos associar novas idéias às palavras que usarmos.

Se você quiser melhorar um **abridor de garrafas**, deverá pensar em outras palavras que não seja **abridor**. Observe alguns frascos que contêm shampoo e descobrirá por que a palavra **abridor** não criaria a tampa que foi criada.

Os novos shampoos possuem uma **tampa que se levanta e se dobra para cima**, sem precisar ser removida. Debaixo dessa peça existe um orifício que permite a saída de pequenas quantidades de shampoo que você precisa. Para manter o líquido no frasco basta abaixar a tampa, que é fixa e não precisa ser removida.

Quem inventou essa tampa certamente não pensou na palavra abridor. Para criar a tampa, ele associou e pensou na expressão **tampa removível**, e diversas outras palavras ao invés de um abridor.

Quando vemos o frasco inventado dizemos que "estava na cara" e perguntamos **por que não pensei nisso antes?**

Para inventar a tampa e outras coisas é importante pensar em muitas outras palavras trazidas da sua Intuição. Por exemplo: Mude os verbos e algumas palavras que está usando para inventar.

O jeito de usar as palavras determina o que você VÊ.

O cientista Einstein não usava palavras para criar, ele preferia visualizar o que queria para não se bloquear pelas palavras.

Em nossa educação, só aprendemos a usar a nossa mente lógica.

Ela quer estar exatamente certa, todo o tempo. A mente lógica gosta de dizer que existe uma diferença entre o quase certo e o exatamente certo!

A mente inconsciente sabe que o importante é estar certo no final. A maioria das pessoas criativas só acerta depois que erra. *Elas aprendem a administrar seus erros.*

Você não consegue mudar a sua percepção e criar novas associações para o seu trabalho, porque somente a sua mente lógica conversa com a mente lógica do autor.

Só recentemente descobri como ler livros, desbloqueando a minha mente lógica.

Procuro encontrar o que a mente inconsciente do autor pensava quando criou o livro.

Gosto de ler livros num estado de mente e corpo mais próximo das ondas alfa, orientado pela minha mente inconsciente. Para chegar a este estado, ligo uma música barroca, com o som bem baixo. E me aproximo do meu inconsciente movimentando o meu corpo. Usando uma lapiseira:

1. Assinalo o que me chama atenção, sem precisar explicar por que considerei importante.

2. Faço anotações ao lado do texto, usando poucas palavras para exprimir os pensamentos que me ocorrerem. Depois de ler JAVALI, mas antes de ler QUATI, escrevo em poucas palavras o que escreveria se estivesse escrevendo o livro.

3. Assinalo os pensamentos que estão ligeiramente confusos por que o autor não demonstrou que são verdadeiros. *Geralmente, esses pensamentos ainda estão na mente inconsciente do autor e, possivelmente, não estavam claros para a sua mente lógica.*

Na maioria das vezes, esses pensamentos são eliminados nas correções gramaticais. A pessoa que revê a parte gramatical costuma alertar o autor, dizendo-lhe o que não está claro. Mas, algumas vezes, o autor não os elimina e saem publicados.

Se você for do tipo auditivo, leia livros pronunciando algumas palavras.

4. Alguns dias depois, releio apenas os pensamentos que assinalei e algumas palavras próximas a eles. Como leio dois ou mesmo três livros ao mesmo tempo, releio algumas frases escolhidas ao "ACASO" sem me guiar pela lógica. Muitas vezes associo idéias apresentadas nos três livros e percebo novas conexões que ainda não tinha visto.

E sem perceber uso diversas ferramentas de criatividade, que são hábitos mentais que me aproximam de minha intuição. Nos meus três livros de criatividade relacionei mais de 100 ferramentas de criatividade. A meditação é uma delas.

Você pode e deve fazer pelo menos duas meditações por dia. Consiste em cinco minutos de relaxamento, fechando os olhos, sem ser interrompido e sem pensar em nada.

4.2.2. Toda Comunicação é Metafórica

Analogia e Criatividade

Conhecer o novo é difícil?

Geralmente, só fazemos perguntas baseadas em idéias "preconcebidas" (idéias já conhecidas).

Reprimimos todas as perguntas para as quais não conhecemos as respostas porque ficamos expostos ao risco de demonstrar nosso desconhecimento do assunto.

A insegurança e o não saber aprender nos levam a reafirmar o conhecido e, conseqüentemente, nada mais aprendemos nem criamos.

O que é Analogia ou Metáfora.

A analogia, ou metáfora, é um dos instrumentos mais importantes para aprender, criar e estimular a solução de problemas.

Nós mostraremos que **toda comunicação humana é metafórica** *e pode ser desenvolvida.*

A analogia promove o relacionamento de objetos dessemelhantes.

Jesus Cristo foi o mestre que mais utilizou a analogia ou metáforas ao transmitir ensinamentos aos seus discípulos. Quando se dirigiu às pessoas que trabalhavam no campo, ele usou a seguinte metáfora:

"Eu sou o bom pastor, aquele que protege as suas ovelhas contra o lobo, e elas o reconhecem e ouvem a sua voz".

Na analogia usamos algo que já sabemos.

Ela nos ajuda a entender uma idéia através da outra.

A analogia permite que a pessoa perceba o novo, relembrando algo já conhecido. Ela expressa a similaridade entre relações e nunca a similaridade entre coisas. Mas nos permite conhecer todas as coisas novas. Por exemplo, podemos explicar a um matuto o que é um automóvel se pedirmos a ele para comparar com uma charrete sem cavalos.

A analogia é importante para a criatividade, aprendizagem, solução de problemas e na comunicação.

Na abordagem tradicional, **o conhecimento é separado em categorias** e cada assunto se apresenta inteiramente novo, a ser aprendido.

Na abordagem metafórica, valorizamos as relações, ou seja, o ponto de semelhança entre coisas diferentes. *As pessoas conseguem associar as suas vontades, necessidades, desejos e valores à coisa nova. Cada pessoa participa com a sua individualidade.*

Na abordagem tradicional, uma pá e uma colher seriam representadas assim:

Colher ◯ **Pá** ◯

Entenderemos melhor **a pá** utilizada em fornalha de padaria se estabelecermos a analogia com **a colher** utilizada para levar alimentos à boca.

Partindo do conhecimento familiar de uma colher, teremos uma idéia melhor do que vem a ser uma pá de forno de padaria. Se compararmos a relação da colher com a boca (o que significa uma colher vazia ou cheia de alimentos, com um líquido muito quente, etc.), perceberemos com mais facilidade a função da pá.

A área comum da elipse representa a semelhança da pá com a colher. As partes que não são comuns representam as diferenças entre elas.

A abordagem analógica mostraria:

Colher   Pá ◯◯

A analogia focaliza no processo de entender e reconhecer princípios gerais que dão significado a fatos específicos. Ela permite a visualização do todo e de suas partes.

Ao associar trem com estação, **posso perceber a coisa nova: navio está para cais**.

Cada coisa nova não é mais um conjunto isolado de informações, mas uma oportunidade para fazer novas conexões e ganhar novas percepções, tanto para as coisas novas quanto para as já conhecidas.

> A analogia evoca experiências e significados internos da pessoa. Ela consegue chegar até o inconsciente das pessoas e à sua intuição, em vez de as pessoas ficarem apenas observando e escrevendo o que está no exterior.

Apesar de ser gago e ter a língua presa, o ex-primeiro-ministro inglês Churchill se tornou um dos oradores mais talentosos do século.

Nos seus discursos de "improviso", para os quais ele gastava horas de preparação, ele sempre utilizava lindas metáforas para chegar a todos os povos do mundo.

COMO ESCOLHER UMA ANALOGIA

Uma das melhores maneiras de selecionar uma analogia sobre um determinado problema é propor às pessoas que elas selecionem as analogias que melhor comuniquem o conceito escolhido por elas.

Quando as pessoas são encorajadas a propor suas próprias analogias, estão sendo convidadas a trazer suas próprias experiências para a nova situação.

Para encontrar uma analogia que se ajuste ao que você quer, é necessário estar familiarizado com a analogia que escolheu. Uma analogia pobre pode servir se conseguir articular claramente as similaridades e discrepâncias com o problema.

X (a pá de um forno) é **COMO Y** (uma colher). As metáforas mais férteis costumam *ser aquelas em que existe ação. Por exemplo: é como reger uma orquestra.*

> **Toda comunicação é metafórica.**
> Se você quer ajudar o João a se relacionar melhor, você deve primeiro ajudá-lo a entender como ele vê, ouve e compreende o mundo.
> *As palavras têm significados diferentes para as pessoas.*

Quando o João lhe diz: "Minha filha de 20 anos tem um desânimo permanente", você poderá concluir que ela está triste e desinteressada se não perguntar ao João o que é desânimo permanente.

Se você lhe perguntasse, ele diria que a sua filha tem uma aparência boa, mas é muito pessimista. E por isso ele se sente solitário.

Solitário, para você, poderá significar que ele não procura as pessoas.

Se você lhe perguntar, ele dirá que sempre vê muito o lado negativo das pessoas. As pessoas não gostam e se afastam dele. "Eu procuro as pessoas, mas elas se afastam de mim", dirá.

Sem perguntar o que significa para a outra pessoa, você não descobriria que o pai precisa mais de ajuda do que a filha.

Para você "CRER" que as palavras têm significados diferentes para as pessoas e elas funcionam como METÁFORAS, relembramos três histórias que contamos no Capítulo 3.

- A 1ª História:

    As pessoas não entenderam o que tinha sido dito numa reunião e se olharam como se estivessem entendendo.

- A 2ª História:

    Quando repetimos a fala de "alguém muito falante" numa reunião, ele se surpreendeu e perguntou: *"Eu só falei isto?"*

- A 3ª História:

    Quando as pessoas usam a sua Intuição ao assistir a uma palestra ou uma aula, todas as avaliações da palestra são diferentes.

O que nós vemos depende de nossa evolução como pessoa e de nossas Crenças.

Para a sua lógica aprender os sinais de sua Intuição, sempre que ler uma revista, pode ser uma revista de lazer, assinale as idéias que chamaram sua atenção. O que gostou e o que não gostou.

- Quando terminar a leitura, observe suas anotações e pergunte a sua Intuição: "O que este artigo tem a ver com os três objetivos que quero realizar?"

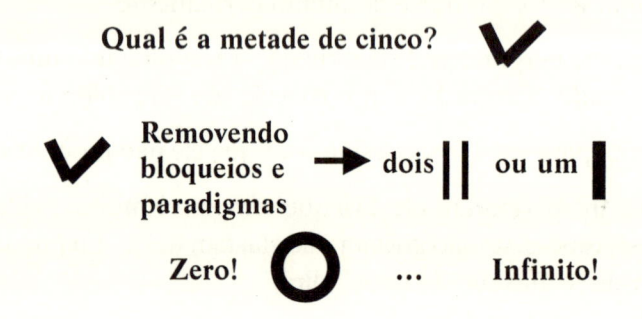

Qual é a metade de cinco? ✓

✓ Removendo bloqueios e paradigmas → dois || ou um |

Zero! O ... Infinito!

Muitas vezes as suas anotações conterão alguns sinais da sua Intuição.

Alguns institutos de Criatividade norte-americanos estudam os apontamentos que Edison usou ao criar aproximadamente 1.100 patentes. Edison dizia que conhecia 1.800 coisas diferentes que não serviam para criar a lâmpada. O processo de criar exige persistência.

No Exercício 10 do Capítulo 3, JAVALI – QUATI..., nós mostramos que muitas pessoas ensinam usando apenas a sua mente lógica, e de um jeito que os alunos não conseguem usar sua Intuição.

Não percebemos que a ordem de chegada das informações determina o que você vê, pensa e decide. Só pensamos o que já foi pensado.

> Nós podemos e devemos usar nossa Mente Lógica sem bloquearmos nossa Mente Inconsciente.

Estamos concluindo este livro. Lembrei-me de que:

1. Você VÊ o que CRÊ.
2. Você cria a sua própria experiência através das escolhas que faz diariamente.

Você sabe que é responsável pela sua vida.

Você aprende com a sua própria experiência, através das escolhas que faz diariamente.

O objetivo dos exercícios deste livro é ajudá-lo a definir seus três objetivos, desenvolver-se e descobrir algumas ações para realizá-los.

Você pode buscar dentro de você o que precisa SABER e FAZER para realizar o que quer.

Tudo que você faz requer interações com outras pessoas.
Você determina como será tratado.
Elas respondem aos seus sinais.
Se você dá amor, recebe amor.

"Você será o que você pensa."
Jesus Cristo

Nas próximas páginas, apresentaremos seis *cartoons* sobre inteligência interpessoal, para a sua intuição desenvolver seu relacionamento.

Gaste cinco segundos pensando em cada *cartoon*.

Anote o que sua Intuição lhe comunicar, mesmo que a sua lógica não entenda.

Algumas anotações contêm apenas uma ou duas palavras. Releia suas anotações, até entender os sinais de sua intuição.

4.3. Usar Metáforas

Nas primeiras impressões

(ELE NÃO VIU NADA DE BOM EM MIM!) *(ELA NÃO VIU NADA DE BOM EM MIM!)*

as pessoas se despedem sem ver
a parte positiva da outra pessoa.

Saber perguntar.
Você vê o que ainda não sabe.

(OBRIGADO! VOCÊ FALOU POUCO E DISSE MUITO!) *(VOCÊ SOUBE PERGUNTAR!)*

**Lembrar que o silêncio
também comunica.**

**Pergunte à sua Intuição o que é preciso
SABER e FAZER.**

PERGUNTE, EU RESPONDO!

**A Intuição é Deus dentro de você.
Pergunte como uma criança.**

Por que escondemos os erros?

ERROS

Você pode aprender com eles.

Errar – Quase tudo que você fez pela primeira vez, começou errando.

É quase impossível criar sem errar.

O processo de buscar os fatos é mais importante do que os fatos.

O observador muda o objeto observado.

Resumindo:

Descubra o que quer.

COMO?

- Ao se relacionar com as pessoas lembre-se de que toda Comunicação é metafórica.
- Nós usamos as palavras para descrever o significado das coisas e não percebemos quando as palavras nos bloqueiam.
- Mude os verbos e algumas palavras que está usando para criar mais facilmente.
- As palavras têm significados diferentes para as pessoas.
- O processo de buscar os fatos é mais importante do que os fatos.
- O observador muda os fatos.
- Peça para as pessoas dizerem o que entenderam do que foi dito.

POR QUÊ?

- Os exercícios apresentados neste Capítulo 4 foram criados para comunicar as seguintes conclusões:
- Ao desenvolver a sua inteligência interpessoal você estará desenvolvendo a sua percepção e a sua intuição.
- Você cria a sua própria experiência através das escolhas que faz diariamente.

QUEM?

- Nas primeiras impressões as pessoas se despedem sem ver a parte positiva da outra pessoa.
- Tudo que você faz requer interações com outras pessoas. Elas respondem aos seus sinais e você **determina como será lembrado**.

Você é responsável pela sua vida.

Desenvolva a arte de sorrir cada vez que o mundo diz NÃO.

QUANDO?

- Em 2010 o conhecimento dobrará a cada 30 dias, mas o conhecimento terá que ser RAZÃO mais EMOÇÃO.
- As Áreas Tecnológicas e Humanas precisam caminhar juntas.
- Ao desenvolver suas Habilidades e Forças Pessoais, você se prepara até para as profissões que ainda não foram inventadas.
- O mundo terá que SER mais do que **Comer ou Ser Comido**.
- **Quando você tem uma vontade, ou uma meta, os caminhos aparecem.**

Primeiro você tem que tentar e tentar. Se não conseguir, Deus faz para você.

Referências Bibliográficas

ALBERTO, Carlos Júlio. *Reinventando Você*. Rio de Janeiro: Campus, 2002.

ALVES, Rubem. *Livro sem Fim*. Loyola, 2002.

ASSMANN, Hugo. *Reencantar a Educação*. Petrópolis, Rio de Janeiro: Vozes, 1998.

BONDER, Nilton. *Exercícios D'Alma*. Rio de Janeiro: Rocco Ltda., 1999.

BUCKINGHAN, Marcus e COFFMAN, Curt. First, *Break all the Rules*. Simon & Schuster, 1999.

CSIKSZENTMIHALYI, Mihaly. *Creativity*. New York: Harper Collins Publisher Inc., 1997.

_____. *Finding Flow*. New York: Harper Collins Publisher Inc., 1997.

DE LA TORRE, Saturnino e BARRIOS, Oscar. *Curso de Formação para Educadores*. Madras, 2002.

DIMITRIUS, Jo-Ellan e MAZZARELLA, Mark. Alegro, 2001.

DRUCKER, Peter F. Foundation. *A Comunidade do Futuro*. São Paulo: Futura, 1998.

FERNANDES, Maury. *Criatividade*. São Paulo: Futura, 1998.

_____. *Aprendendo a Desaprender para Ser Mais Criativo*. 2ª edição, Belo Horizonte: Armazém de Idéias, 1995.

_____. *A Era da Intuição*. Belo Horizonte: Armazém de Idéias, 1995.

GARDNER, Howard. *Inteligências Múltiplas – A Teoria na Prática*. Porto Alegre: Artes Médicas, 1995.

HAMEL, Gary. *Liderando a Revolução*. Rio de Janeiro, Campus, 2000.

HIGGINS, James M. *101 Creative Problem Solving Techniques*. Florida: The New Management Publishing Company, 1994.

JAMES, Jennifer. *Pensando o Futuro*. São Paulo: Futura, 1998.

JENSEN, Bill. *Simplicidade*. Rio de Janeiro: Campus, 2000.

JORGE, Augusto Cury. *Inteligência Multifocal*. São Paulo: Cultrix, 1998.

KARDEC, Alan, ARCURI, Rogério e CABRAL, Nelson. *Avaliação do Desempenho*. Rio de Janeiro: Qualitymark Editora, 2002.

KARDEC, Alan e CARVALHO, Cláudio. *Terceirização*. Rio de Janeiro: Qualitymark Editora, 2003.

KARDEC, Alan e LAFRAIA, João Ricardo. *Gestão Estratégica e Confiabilidade*. Rio de Janeiro: Qualitymark Editora, 2003.

KARDEC, Alan e NASCIF, Júlio. *Función Estratégica*, (em espanhol). Rio de Janeiro: Qualitymark Editora, 2002.

KARDEC, Alan e ZEN, Milton Galvão. *Gestão Estratégica e Fator Humano*. Rio de Janeiro: Qualitymark Editora, 2003.

M. CHRISTENSEN, Clayton. *The Innovator's Dilemma*. United States of America, President and Fellows of Harvard College, 1997.

MARCOVITCH, Jacques. *A Universidade Impossível*. São Paulo: Futura, 1998.

McGRAW, Phillip. *Estratégias de Vida*. Alegro, 1999.

NASCIF, Júlio e BARONI, Tarcisio. *Técnicas Preditivas*. Rio de Janeiro: Qualitymark Editora, 2003.

O'CONNOR, Joseph, DERMOTT, Ian Mc. *The Art of Systems Thinking*. Published by Thorsons, 1997.

RESTREPO, Luis Carlos. *O Direito à Ternura*. Vozes, 1998.

RIBEIRO, Haroldo. *Manutenção Autônoma*. Rio de Janeiro: Qualitymark Editora, 2003.

RICHARDSON, Barrie e FUSCO, Mary Ann Castronovo. *O Princípio dos 10%*. Copyright Makron Books do Brasil Ltda., 1994.

RUSSEL, L. Ackoff. *Re-Creating the Corporation*. New York Oxford, Oxford University Press, 1999.

_____. *Ackoff's Best*. John Wiley & Sons, Inc. 1999.

SAMPLES, Bob. *Mente Aberta Mente Integral*.

SILBERMAN, Mel e HANSBURG, Freda. *Desvendar Pessoas*. Campus. 2001.

SILLER, Todd. *Think Like a Genius*. New York: Bantam Books, 1996.

WEINTRAUB, Sandra. *The Hidden Intelligence – Innovation Through Intuition*. Butterworth: Heinemann Business Books, 1998.

Índice Remissivo

ÍNDICE REMISSIVO

Aprenda a Aprender – relendo algumas páginas desse índice, seguindo a sua Lógica e Intuição,

você verá coisas que ainda não viu.
Seja feliz.

Como desenvolver sua Intuição

Visualize o que quer realizar – 35; 47-50; 58; Dicas para a sua Mente Intuir – 49-53; Descubra seus momentos especiais de criar – 52; Desejar com intensidade – 35-37; Novos Conceitos de Negócios – 21-23; Aprender a Aprender – 45-49; 144-146; 171-173; Meditação – 35-36; É impossível criar usando somente a Mente Lógica – Exercício 11: EPZT/UNDT – 140-141; Como as pessoas deixam de Intuir – 37-39; Como ensinar o que ainda não sabemos – 169-173.

Melhorar seu relacionamento

Uma idéia-mãe para desenvolver seu relacionamento – 161-165; Saber chegar às pessoas – 108-110; Melhore a sua comunicação – 139; Toda comunicação é metafórica – 174-179; Afaste-se do Foco de Tensão – 174-179; Habilidade Emocional – 154-155; O silêncio também comunica – 123-124; Como melhorar meu relacionamento? Exercício de *Cartoon* – 7; 141-142; 179-182.

Desenvolver a sua Lógica com a sua Intuição

Ter objetivos – 17-20, 28-31, 35-37, 58; Usar a Espinha de Peixe – 38-39; Você Vê o que Crê – 191-194; Crenças – Você Vê o que Crê ou Crê no que Vê? – 26-27; Você é Criativo – Exercício 2 de Madre Teresa – 24-26; 53-54; Pensar visualizando um sistema – 84-86; Usar um Modelo – 45-49; As pessoas acreditam que não podem – A história dos oito elefantes – 88; Aprenda os conhecimentos informais das pessoas – 39-42; Aprender a Aprender – 45-46; 159-160.

Trabalhar em equipe

Aprenda a trabalhar em equipe e desenvolva suas Habilidades – 72-75; 94-96; Como Criar e Implementar suas Idéias – 72-75; Descubra suas quatro Habilidades – Exercício do Índio – 72-74; Por que é importante contar Histórias? – 124-125; A História da Flor Holandesa – 130-131.

Desenvolva as suas Habilidades

Descobrir suas Habilidades usando um Questionário – 63-68; Desenvolva a sua Habilidade Lógica – 96-97; Desenvolva a sua Habilidade de Empreendedor – 97-98; Desenvolva a sua Habilidade Emocional – 97; As suas Habilidades determinam o que você VÊ, SENTE e FAZ – Exercício 5 do Índio – 70-71.

Histórias

Como contar histórias – 124-125; Prof. Saturnino diz que não é falar muito que se ensina mais – 119-123; Aprenda a perguntar – O rabino sábio – 115-116; Como você aprende – JAVALI – QUATI – 126-128; Ajudem seus alunos a tornarem-se humanos – 106-107; As primeiras impressões – 107-109; Um corpo sadio transforma o cérebro – 118-120; Melhore a sua comunicação – 118-120; A Intuição das pessoas é infinita – 123; Algumas pessoas acreditam que não podem realizar seus desejos – Os oito elefantes do circo – 88.

Fazer o que gosta

O que essas cinco pessoas tinham em comum – 27-30, 31-34, 44-45; As oito Inteligências – 75-79, 80-82; Aprender a trabalhar em Equipe – 72-75; 93-96.

Exercícios para Aprender a FAZER

Ter três objetivos – 17-20; 35-36; Usar a pasta L – Exercício 2: Você é Criativo – Madre Teresa – 24-26; Exercício 3: O que essas cinco pessoas tinham em comum – 27-30; 30-33; Exercício 4: do Questionário – Habilidades – 61-64; Exercício 5: As suas habilidades determinam o que você Vê – 72-74; Exercício 6: Redefinindo seus objetivos – 92-94; Exercício 7: Desenvolver a Habilidade Lógica – 96-97; Exercício 8: Desenvolver a Habilidade de Empreendedor – 97-98; Exercício 9: Desenvolver a Habilidade Emocional – 98; Exercício 10: Como você aprende JAVALI – QUATI... – 126-129; Exercício 11: EPZT/UNDT/APCTO – É impossível criar usando apenas nossa mente lógica – 140-141; Exercício de *Cartoons* para aproximar as pessoas de sua Mente Inconsciente – 7, 140-141.

Auto-Realização

Autora:
Valéria José Maria

ISBN: 85-7303-510-2
Nº de páginas: 164
Formato: 16 × 23 cm

O que vem a ser Auto-Realização?

Como podemos conquistá-la?

Como ser capaz de manter a Auto-Realização em alta?

É possível viver sem medo e insatisfação?

As respostas para essas e outras perguntas você encontra neste livro, resultado de muitas experiências vividas pela autora Valéria José Maria, que tem como objetivo fazer com que o leitor chegue ao que ela chama de IRP – Integral Realização Pessoal.

Gestão do Conhecimento

Autor:
Saulo Porfírio Figueiredo

ISBN: 85-7303-537-4
Nº de páginas: 400
Formato: 16 × 23 cm

Embora o conhecimento seja um recurso de alto valor, muitas pessoas e organizações ainda não sabem como lidar com ele adequadamente. Aprender a geri-lo é, então, condição fundamental à sobrevivência de pessoas e organizações e estas são apenas algumas das razões para que decidam aprender a cuidar do conhecimento e dos processos que cercam sua produção e seu uso. Neste livro, o autor Saulo Porfírio Figueiredo enfatiza o apelo competitivo da Gestão do Conhecimento e ensina a tratá-la como uma postura gerencial, acima de tudo comportamental. Um conjunto de posturas e condutas, resultando em uma nova maneira de conduzir a empresa e negócios. Enfatiza ainda, a importância dos *stakeholders* nos GC, procurando elucidar os prejuízos do grande abismo existente entre o discurso e a prática em GC nas organizações.

Potência Cognitiva

Autora:
Nê Oliveira

ISBN: 85-7303-445-9
Nº de páginas: 128
Formato: 16 × 23 cm

Nê Oliveira nos traz, neste livro imperdível, explicações detalhadas sobre a dinâmica cerebral e como desenvolver potencialidades e competências ocultas, bem como melhorar as já existentes através de exercícios que explorem os canais sensoriais, causando excitação intelectual e favorecendo a cognição – a chamada neuróbica, a ginástica dos neurônios. E o grande diferencial de Potência Cognitiva é o texto leve, divertido e, sobretudo, útil.

Depois de ler esse livro, seu cérebro nunca mais será o mesmo...

Entre em sintonia com o mundo

QualityPhone:

0800-263311

Ligação gratuita

Qualitymark Editora
Rua Teixeira Júnior, 441 – São Cristóvão
20921-400 – Rio de Janeiro – RJ
Tel.: (21) 3860-8422
Fax: (21) 3860-8424

www.qualitymark.com.br
e-mail: quality@qualitymark.com.br

Dados Técnicos:

• **Formato:**	16×23cm
• **Mancha:**	12×19cm
• **Fontes Títulos:**	FuturaXBlkCnBT
• **Fontes Texto:**	Life BT
• **Corpo:**	11
• **Entrelinha:**	13
• **Total de Páginas:**	216